KB274644

중국 조기유학에 꼭 성공하는 비결

이경륜, 최성남, 유형석, 박인희,
이달림, 배은정 공저 | 김준봉 감수

세창미디어

중국친하기 01
중국 조기유학에 꼭 성공하는 비결

펴낸날 / 2005년 12월 26일 초판 인쇄
　　　　 2006년　 1월　 2일 초판 발행
저　자 / 이경륜, 최성남, 유형석, 박인희, 이달림, 배은정
펴낸이 / 이방원
펴낸곳 / 세창미디어

　　　　 서울특별시 종로구 교남동 47-2
　　　　 전화 · 02-723-8660(代)　 팩스 · 02-720-4579
　　　　 e-mail / sc1992@empal.com
　　　　 homepage / www.scpc.co.kr
　　　　 등록 / 1998. 1. 12. 제 1-2272호(윤)

값　8,500원

* 잘못 만들어진 책은 바꾸어 드립니다.

ISBN　89-5586-056-0　13370

중국 조기유학에
꼭 성공하는 비결

Ｃｏｎｔｅｎｔｓ

프롤로그

중국이란 나라는 워낙 땅덩어리도 크고, 인구도 많고, 돈만
있으면 눌러 앉기도 미국이나 일본보다 괜찮은 곳이다. 그래서 중
국어 하나만 잘해도 뭔가 해먹을 게 있을 것 같은 느낌을 준다.

그러나 들려오는 소식은 그리 만만치가 않다. 현지에 진출
한 한국 기업들은 중국에서 공부한 학생들보다 오히려 한국에서
중국어를 전공한 학생들을 더 선호하고, 중국학교에 다니는 한
국학생들이 말썽을 일으켜 한국 학생들을 받지 않겠다는 학교마
저 생겨나는가 하면, 학부형들은 저마다 제 아이를 서로 좋은
학교에 넣겠다고 온갖 편법을 동원해 가며 대가리 디미는 통에
'한국 사람은 봉'이라는 소리도 공공연하다. 소문에 따르자면 중
국으로 유학 갔다간 도리어 '애 베리기' 십상이다.

그러나 10년 전쯤부터 얼굴 좀 빤지르하고, 끼 있고, 게다가 돈마저 받쳐 주는 아이들은 저마다 연예인 되겠다고 난리친 통에 오늘의 한류 붐이 일어났듯 중국에 제일 유학을 많이 보내는 나라가 한국이다 보면, 중국 땅에서 미국도, 유럽도 그리고 일본도 훌쩍 제치고 중국, 중국인들을 세계에서 제일 잘 알고, 장사 잘하는 사람들이 한국인이라는 소리를 들을 수도 있지 않을까?

'아예 경제적으로는 마치 서울과 부산 같은 존재가 되고…. 일본이 동경과 오사카에 각각 본사를 두듯이 우리나라는 한국과 중국에 각각 본사를 두는 날이 올지도 모른다. 그때는 중국어는 생존의 무기가 될 터!'

대략 이런 생각을 하면서 80일 동안 한국인들이 제일 많이 살뿐더러 유학도 제일 많이 하는 천진, 북경, 상해를 둘러보며 유학하는 학생들부터 어머니들까지, 이미 공부를 마치고 현지에서 취업을 한 사람들부터 조기유학의 성공을 돕는 관계자들까지 두루두루 만나서 경험담과 실패담을 들으며 조기유학에 성공하기 위해 알아야 할 것들을 추려 담았다.

세계적으로 유명한 마케팅 불변의 법칙에 '실패의 법칙'이라는 것이 있다. 실패는 항상 예상되고 받아들여져야 한다는 것이 주요 골자다. 중국 유학이라고 다를 것이 있으랴!

프롤로그 편에는 중국조기유학의 당위성부터 부모나 학생들이 쉽게 부딪히는 실패담을 두서없이 담고 있다. 이런 구절이 있다.

이 책에 담긴 몇 편의 이야기들이 중국으로의 조기유학을 준비하는 부모님과 학생들의 실수를 줄이는 데 도움이 된다면 책 만들기를 함께한 모두에게 보람이겠다.

그 엄마는 "미쳤을까?"

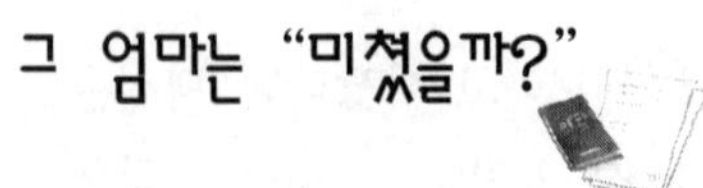

어느 날 TV에서 중국유학의 문제점을 취재한 시사프로그램을 봤다. 어머니와 함께 조기유학을 온 초등학생이 이해도 못하는 중국 수학책을 펴놓고 공부를 하고, 중국인 선생에게 과외를 받는 모습이 텔레비전에 소개됐다.

기자: 이게 무슨 뜻인지 아니?
아이: (고개를 좌우로 흔든다)
기자: 뜻도 모르고 풀어?
아이: (고개를 끄덕인다)

그 아이는 초등학교 3학년 때, 처음 조기유학을 왔다가 적응을 못해서 1년 후에 한국에 돌아갔는데 한국에서도 적응을 못해 다시 중국으로 온 경우였다.

그 프로그램을 본 내 주위의 반응은 이랬다.

“미쳤어!”
“아니, 애를 그것도 10살밖에 안 된 애를…, 너무 불쌍해!”

이건 점잖은 표현이었고, 성질 급한 이들은 육두문자까지 써가며 TV에 나온 아이의 엄마를 욕해댔다.

하지만 어떤가? 지금 한국에서 공부를 하고 있는 아이들의 현실은. 끊임없이 입시제도는 바뀌고, 어떻게든 “들어가고 보자!”는 심리에 커닝이니 대리시험이 횡행. 이건 미친 게 아닐까? 논술, 영어, 한자, 수학, 태권도, 미술학원과 학습지를·하느라 이제 겨우 초등학교 2학년 아이가 저녁7시에야 집에 돌아오는 현실. 과연 정상일까?

그렇게 공부하고도 서울이나 수도권에 있는 4년제 대학교에라도 들어가기는 여전히 힘들고, 불확실한 미래 때문에 이화여대를 수시입학하고도 다시 와세다 대학의 국제학부에 원서를 집어넣고, 고려대를 중퇴하고 북경대로 입학하는 현실 속에서 그 엄마를 미쳤다고 말할 수 있을까?

“평생성적 초등학교 4학년에 결정된다”는 책이 베스트셀러다. 대한민국 교육1번지, 대치동 엄마들의 교육열을 다룬 책을 보면 초등학교 6학년 아이들이 수능 수준의 수학문제를 푼다. 대청중학교. 왕년의 경기중학교와 같은 대접을 받는 이 학교에서 전교 10등의 수준을 유지하고, 어릴 때부터 미8군에 근무하는 선생님에게 영어 회화를 배워서, 미국에서 3~4년씩 체류를 하고 온 아이들보다 수준 높은 영어를 구사하는 아이들이 대치동에는 부지기수란다.

"이런 아이들의 장래 진로 계획은 어떨까?"

외고를 졸업하고 중국으로 유학 가서 '중국통'이 되는 거란다. 외고도 글로벌 감각을 갖췄다는 용인외고를 선택할 예정이다.

이런 판국에 초등학교 4학년 땐 학교성적도 별로였고, 초등학교 6학년 땐 수능 수준의 수학을 풀 가망이 없는 아이의 엄마는 무엇을 해야 하는 것일까?

그저 저녁 7시까지 아이를 영어회화학원, 피아노학원, 속셈학원으로 뺑뺑이를 돌리고, 외고가 아닌 그저 그런 고등학교에 다니게 한 뒤, 입학하자마자 다녀야 할지 차라리 자퇴를 하고 유학을 가야 할지 고민하는 대학을 보내야 하는 걸까?

차라리 용돈 보내 주는 것 외에는 어머니가 어찌 해볼 도리가 없는, 대가리 큰 20대에 중국 유학을 보내느니 아직 엄마말도 잘 듣는 초등학교 시절에 중국 가서 칼 대서 코 세우고 눈 크게 성형 수술하듯 내 아이의 장래를 개조하는 것이 유리한 것이 아닐까?

그 엄마는 최선을 다하고 있었다. 단지 준비가 부족하고, 방법을 몰랐을 뿐….

하나님은 모든 곳에 다 계실 수가 없기 때문에 어머니를 만드셨다.

         － 유대속담 －

유학은 벤처다

　6~70년대, 국가유학시험이 있었던 시절에는 동네에서 소문나게 공부 잘하는 학생들만 가는 게 유학이었다. 원재료가 좋아야 좋은 제품이 나온다는 서울대학교 총장의 말처럼 유학 간 학생들은 전부 총장처럼 우수한 성적으로 박사학위를 따고, 덤으로 "어쩌면 한국학생들은 이처럼 머리도 좋냐?"고 서양 사람들에게 칭찬까지 받으며, 한국인의 우수성을 만방에 떨치고 돌아오는 경우마저 있었다. 이때, 유학이란 부모들에게 수익률 높은 짭짤한 장사였다.

　그러나 해외유학이 자유화되고 경제가 성장하면서 유학이란, 돈은 있지만 공부를 못하는 아이들이 가는 것으로 인식되기도 한다. 특히 중국은.

　이런 아이들이 유학을 왔다고 해서 갑자기 밥만 먹고 들입다 책만 파기를 바란다면, 바라는 부모가 잘못이다. 물론 나름대로 아이들도 서해바다 건너며 맘속으로 칼을 갈았을 거다. 허나

습관이란 그렇게 하루아침에 고쳐지는 게 아닌 것. 더군다나 중국의 중·고등학교란 걸핏하면 무너지고, 텅텅 비어 버렸다고 비난과 탄식의 몰매를 맞는 한국의 중·고등학교보다도 학교답지가 못하다. 한국의 조기유학생들에겐.

"니네 아버지 뭐 하시노?"
"니 다음에 뭐 될라고 그래?"

이런 소리 하면서 잠자다 걸리면 개 패듯이 패는 선생님이 없다. 담 넘어서 PC방 간 아이들 잡으러 이 PC방, 저 PC방을 돌아다니는 생활지도 선생님도 없다. 하다못해 돈 좀 가져오라는 은근한 신호로 집에 전화해서 어머니에게 이 소리 저 소리 하는 선생님마저 없다.

중국 선생님은 공부를 못해도, 결석을 해도 상관하지 않는다. 시험시간에 답을 모르면 답을 가르쳐 준다. 그래도 성적이 나쁘면 재시험을 보게 해준다. 심지어 어느 학생의 경우는 한 달 넘게 학교를 결석했는데도 학교로부터 아무런 연락이 없다가 홈 스테이를 하시는 주인분이 학생의 비자관계로 학교에 연락했을 때에야 한달이나 결석을 하고 있는 사실을 알게 된 경우도 있다.

한국아이들이 다니는 학교는 대개 중국에서도 명문 중·고등학교다. 그렇지 않고는 유학생을 받을 수 있는 자격을 주지도 않는다. 그러니까 한국학생들은 중국의 수재들과 함께 공부를 하는 셈이다. 좋아만 할 일이 아니다. 명문 학교의 중국학생들에게는 생활지도니 하는 것이 필요가 없다. 그저 좋은 대학에 합격하도록 죽어라 공부만 가르치면 된다. 당연히 담임선생님은 자신이 맡은 반의 시험성적으로 근무 평가를 받는다. 그런데 어느 날 한국학생이 들어와서 반 평균을 왕창 떨어뜨린다면 어떤 마음이 들까? 그 선생님에겐 그 한국아이는 마른 아침에 날벼락, 재수에 옴 붙게 만든 애물단지일 뿐이다. 그저 돈이 웬수라 참고 있을 뿐이다.

이렇게 환장할 환경에서 시작하는 게 중국조기유학이다. 그뿐 아니다. 앞서도 말했듯이 한국 학생들이 다니고 싶은 학교란 대부분 중국의 명문 중학교. 그러다보니 많은 한국 아이들은 천재콤플렉스에 시달린다. 공부를 꽤나 잘 한다는 아이들도 '중국 아이들이 어떠냐?'는 질문에 대뜸 "뭐 그렇게 천재는 아닌 것 같아요"다.

얼마나 중국아이들에게 '똑똑하다', '공부 잘 한다', '걔들에게 뒤지지 말아야지' 하는 압박감을 느꼈으면 이럴까 싶다. 상상해 보라. 똑똑한 아이들 앞에서 중국말도 제대로 못하는 아이들이 느끼는 학교생활의 답답함을…. 오죽하면 조기유학생 열에 여덟은 점심시간 이전에 PC방이나 사우나에 모일까.

벤처 산업의 성공률이 2%라고 한다. 100개의 창업 기업 중에서 겨우 2개만이 버젓한 기업으로 살아남는다는 말이다. 중국조기유학의 성공률도 그와 비슷하다. 그러나 알다시피 그 2개의 기업이 세상을 바꾼다. 마이크로 소프트가 그렇고, 야후가 그렇고 우리나라의 네이버나 다음이 그렇다.

중국조기유학도 마찬가지다. 성공할 확률은 실패할 확률의 수십분의 1이다. 하지만 한국에서 명문대학에 가는 것도 그 정도의 경쟁률을 뚫어야 하는 건 마찬가지다. 무엇보다 우리나라에 있었더라면 영영 갖지 못했을 인생역전의 기회를 중국조기유학을 통해서 얻을 수 있다. 그리고 그 기회를 살려 성공을 만들어 가는 아이들이 있으며, 성공을 도와주는 사람들도 있다.

단, 조기유학을 보내는 아빠, 엄마들부터 헛된 꿈을 버리자. 성적이 바닥을 기던 아이가 중국에 가면 갑자기 천재가 될 거란 꿈을. 중국어의 바다에 빠져야 중국어를 마스터할 수 있다는 생각에 중국사람 집에 홈스테이 시키는 무모함을 버리자.

방심하지 말라, 믿음 위에 굳게 서라, 용기를 가져라, 강건하라. 네가 하는 모든 일을 사랑으로 하라.　　　　　　－ 고린도 전서 16장 13~14절 －

"우리 엄마 때문에 망쳤어요!"

초등학교 때, 중학교 이상의 아이들에게만 출전자격이 주어지는 수학경시대회에 나가서 입상한 아이가 특목고 입시에 실패하고는 학습상담컨설팅회사에 와서 한 말이다.

엄마는 기가 막힌다. 자식새끼고 뭐고 정나미가 뚝 떨어지고, 순간적으로 주둥아리를 확 찢어버리고 싶은 충동마저 느낀다. 이게 내 속으로 난 자식인가 싶기도 하고…. 수학경시대회에서 입상했을 때는 입이 함박만해져 가지고 여기저기 전화해대던 남편이 이제 와서 "애한테 들어간 돈이 얼만데 이것밖에 안 되냐?"며 죄인취급을 할 때는 차라리 길바닥에 머리박고 죽고 싶다.

에미마음 몰라주는 아들이 죽이고 싶도록 미운 것도 잠시, 그 어머니는 다시 힘을 낸다.

"아냐! 그럴 리 없어", "뭔가 잘못된 거야."

　　그리곤 애가 몸이 아파 실수를 했다며, 의심스런 눈으로 쳐다보는 엄마들과 소수정예반 선생님을 졸라 어떻게든 끼워달라고 사정하기 시작한다.

　　유학을 보내는 부모들도 마찬가지다. 잘못은 자기 자식에 있는 게 아니다. 그저 학교를 잘못 알선해준 유학원에, 장삿속으로 운영하는 홈스테이에, 학생관리를 맡고 있는 선생님들에게 있다. 우리 아이는 그럴 리 없다. 한국에선 공부도 안 하고 그랬지만, 유학가면 정말 한눈 팔지 않고 공부만 열심히 하겠다고 열 번도 손가락 끼고 맹세한 내 자식이 그럴 리가 없다. '금쪽 같은 내 새끼가 그럴 리 없다.'

　　조기 유학에 실패하는 이유도 물론 부모들에게 있다. 알다시피 아이들은 원래 부모 탓만 한다. 아이들은 원래 학교 탓만 한다. 아이들은 원래 남의 탓만 한다. 사람은 원래 남의 탓만 한다. 바보들만 남의 탓을 하는 게 아니라 원래 사람은 남의 탓만 하게끔 되어 있다. 부모가 알아서 잘하는 수밖에 없다. "엄마 때문에 망쳤어요" 이런 소리 안 들으려면.

　　조기유학에 성공한 사람들, 여기서 성공이란 중국의 수재들이 다닌다는 중학교에서 당당히 1등을 하는 아이들, 북경대나 청화대같이 목표했던 대학에 입학한 경우, 입학할 때 30명이었던 한국 학생들이 모두 졸업을 못하고 도중에 학교를 그만 둘 때 혼자 졸업하는 경우를 말한다.

　　이들은 혹은 혼자서 유학을 왔거나, 온 가족이 함께 이주했거나, 엄마와 둘이 왔거나 했다. 무슨 말인가 하면 조기 유학에 성공하는 필요충분조건이나 특별한 방정식은 없었다는 것이다. 그러나 한 가지 분명한 것은 마마보이, 마마걸도 없었다.

성공한 아이들은 엄마, 아빠가 노력한 것도 사실이지만 아이들 자신도 충분히 성공할 만한 자격을 갖추고 있었다. 자격이란 물론 IQ가 좋다든가 하는 문제가 아니다. 스스로 자신의 어려움을 해결하려는 적극적인 자세를 말한다. 중국친구를 사귀는 방법을 스스로 찾아낸다든지, 스스로 목표나 약속을 만들고 실천해가는 의지력을 가지고 있었다든지 하는 것을 말한다.

「First Mothers(퍼스트 마더즈)」란 책이 있다. 퍼스트 레이디가 대통령 부인을 뜻하니까 퍼스트 마더는 대통령의 어머니다. 이 책은 미국 대통령의 엄마들이 어떻게 미국의 대통령이 된 아이들을 교육시켰는가를 담은 책이다. 미국역사상 가장 훌륭한 대통령인 프랭클린 루스벨트를 비롯해서 클린턴까지 10명 정도의 대통령 엄마들의 삶과 아이 키우는 방식이 나온다.

프랭클린 루스벨트의 어머니 사라 델로워 루스벨트처럼 "난 네가 좋아하는 것이라면 뭐든지 할 수 있어"의 까치형부터 아이젠하워의 엄마 아이다처럼 "외로워도 슬퍼도 난 울지 않아"의 캔디형까지 아이들의 교육방식은 그야말로 가정형편에 따라 각양각색이었지만 공통점은 아이들에게 자신감과 의지력을 심어주려고 노력했다는 것이다.

어쨌든 하루 종일 중국어를 공부하는 아이들과 1주일 내내 한 마디도 중국말을 하지 않아도 생활할 수 있는 엄마가 함께 하는 유학생활, 하루에 몇 번 하는 전화통화와 어쩌다 중국에

가면 아이에게서 안내를 받아야 뭐라도 살 수 있는 유학생활에
서 아빠, 엄마가 할 수 있는 일이란 한국에서보다 제한적일 수
밖에 없다. 오히려 무시당하는 경우까지 생긴다.

　"엄만 모르면 좀 가만 있어."
　"그게 아니라니까. (신경질적으로)"
　"잘 알지도 못하면서…."
　"아직 그것도 몰라? (경멸하는 투로)"

　아이들에게 가장 많이 듣게 되는 말이다. 이런 상황에서 섣
부른 지나친 관여와 간섭은 오히려 "엄마 때문에 망쳤다"는 말
만 듣기 십상이다.

　결론은 별거 없다. 솔선수범! 중국어 공부, 중국알기의 솔선
수범이다. 어머니들도 중국어 공부를 아이들과 같이 해야 한다.
아무리 아이뒷바라지 하는 것이 바빠도 한국에서의 생활보다 바
쁠까? 계모임도 없고, 동창회도 없고, 아파트 반상회도 없는데….

　아이들 학교 갈 때, 같이 나와서 학원으로 향한다. 매일매
일 중국어 단어 1개씩이라도 학교에서 아이가 돌아오면 같이 공
부한다. 그러다보면 동지의식도 생기고 대화꺼리가 생긴다.

　"엄마는 이게 발음이 안 되더라. 학교에서 중국 애들이 어떻게
　발음하던?"
　"으응, 그거. 혀를 이빨 사이에 끼우고…."
　"이렇게?"
　"아니 이렇게!"

분위기 좋아진다. 한국에서도 아이들 공부 잘하게 하는 비결은 별거 없었다. 대치동 엄마들 보면, 아이에게 어렵다 싶은 건 엄마가 공부하고 영 모르겠으면 외워서라도 요점정리 해줬다고 책에 나와 있다.

그런데 그저 전화라도 오면 "워 한국어런 부쯔다오(전 한국 사람이라서 몰라요)" 이래서야 밥해 주고, 돈 주는 것 외에 실질적으로 아이의 공부에 도움이 되는 것은 하나도 해줄 수가 없다. 가끔 60이 넘어서 검정고시 학원에서 공부를 하는 할아버지, 할머니들에 대한 기사가 언론에 보도된다. 이분들처럼 공부하자.

아이만 중국에 보낸 경우도 마찬가지다. 전화통 붙잡고 하는 얘기가 맨날 이거다.

"밥 먹었니? 반찬은 뭐 나왔던?"

그래서 뭐가 입에 안 맞고 이런 소리라도 할라치면 대뜸 홈스테이나 기숙사 관리 선생님께 전화해서 "이러시면 안 되죠!"나 "엄마가 돈 보낼 테니까 뭐 먹고 싶은 거 사먹어! 응."이다.

"제발 이러지 말자."

국제 전화 값 아껴서 중국어 공부하자. 하다못해 한자라도 하루에 10개씩 외워서 매일매일 엄마, 아빠가 공부하는 걸 메일로, 메신저로 보낸다. 그래야 밥 얘기 빼고 대화할 이야기가 생긴다. 전화할 땐, "으응 엄마야!"가 아니라 "웨이(여보세요) 니야(너구나) 찐티엔 전머러(오늘은 어땠니?)" 하고 중국어로 대화하

자. 아이들 유학 보낸 엄마들끼리 중국어 학원 가서 '유학 간 아이들과 중국어로 통화를 목표로 공부하는 반'이라도 만들어서 공부하자. 매일 한 마디면 1달 후엔 30마디다. 조기유학은 성공률 낮은 벤처사업이다. 노력 없이는 힘들다.

만약 생업시간 때문에 도저히 시간이 안 난다면? 별 수 없다. 확실한 홈스테이를 골라야 한다.

> - 밥은 뭐 해주나?
> - 침대는 어떤 건가?
> - 샤워 시설은 잘 되어 있나?

이런 게 홈스테이 선택의 기준이 되선 안 된다. 우선 무섭고 엄격한 곳이 좋다. 그렇다고 구타가 횡행하는 이상한 곳은 안 되겠지만. 중의학원(中醫學院)에 다니는 유학생부부 집은 6명의 학생들이 홈스테이를 하는데, 기본적으로 체크하는 것이 3가지다.

> 1. 서로 인사를 잘하고 예의바르게 행동하나?
> 2. 학교에 결석하지는 않나?(매일 학교로 전화해서 출석상황을 점검한다)
> 3. 저녁에 매일 한자 10개, 문장 5개를 외우고 있나?

이 3가지 가운데 1가지 사항이라도 위반을 했을 때에는 체벌을 한다. 아예 홈스테이를 시작하기 전에 부모님에게 허락을 받는데, 1년쯤 지나면 아이들의 학교 성적도 눈에 띄게 달라진다. 1년이면 한자는 10×30×12=3600자, 문장은 1800개다. 한자로 시작되고 한자로 끝나는 중국어. 성적이 좋아지지 않을 도리가 없다.

또 한 가지, 너무 아는 사람에게 의존하지 않는 것이다. 그 사람이 아는 것은 그 사람의 중국일 뿐이다. 먼저 유학한 엄마들의 경험도 너무 의존하지 마라. 그 집 아이가 유학생활에 성공하고 있는지 아닌지는 여기서 알 수가 없다. 만약 아이를 중국에 갖다버릴 생각이 아니라면 직접 중국에 가서 물어보고 확인하는 게 제일 좋다. 한국에서 1년 걸려 알 수 있는 것을 현지에 가면 한 달이면 알 수가 있다. 한국에서 듣던 것과 현지에서 보는 것은 차이도 너무 크다. 북경이 좋은지, 아니면 다른 곳이 좋은지도 생각해볼 필요가 있다. 비용도 많은 차이가 있다. 한 번에 결정하지 말고 몇 번은 방문해서 수소문하는 것이 좋다. 다행히 도움을 얻을 수 있는 곳들이 점점 늘어가고 있다. 엄마, 아빠가 노력하고 발로 뛴 만큼 아이를 망칠 확률은 줄어들고, 성공의 확률은 조금씩 늘어난다.

인내심을 가져라. 그러면 뽕나무 잎이 비단같이 될 것이다.
― 스페인 속담 ―

미쳐야 산다

중국어에 '라이더지'(來得及)라는 말, 직역하면 "와서 닿는다" 쯤 되는데 "와서 닿는다"의 우리말에는 "미치다"가 있다. 그러니까 "라이더지(來得及)"을 한국식으로 풀어 쓰면 "미치다"가 된다. 그런데 "미치다"란 말을 우리는 또 다른 의미로 쓰기도 하는데 "또라이" 그러니까 한자(漢字)로는 '광'(狂)의 의미로 흔히 쓴다.

불광불급(不狂不及)이란 책이 있다. 한시 읽어 주는 선생님이란 책으로 잘 알려진 한학자 정민 교수의 책이다. 우리말 제목은 "미쳐야 산다"인데, 옛 선비들의 치열한 학문하는 태도를 담고 있다. 정민 교수는 마음먹을 것을 이루려면 미친 놈 소리를 들을 정도로 열심히 해야 한다는 교훈을 전하기 위해 책제목을 그리 정한 것 같다. 그렇다고 아이들의 유학을 준비하는 모든 부모들이 미친 년 널뛰듯 하란 얘기는 아니다.

중국어 라이더지(來得及)란 앞에서 말했듯이 "왔더니 닿았다"다. 남의 말 백번 듣거나, 아무리 한국에서 발바닥 부르트게 유학원에 쫓아다녀봐야 소용이 없다. 우선 아이들을 유학 보내고 싶다면, 엄마 혹은 아빠가 먼저 중국어부터 공부하기를 권한다. 아니, 둘 중의 하나는 3개월쯤 혼자 와서 현지의 학원이라도 다니며, 우리 한국 학생들이 많이 유학을 오는 북경, 천진, 상해 가운데 한군데쯤은 직접 체험하는 것이 좋다.

그래야 중국어라는 것이 영어와는 달리 얼마나 배우기도 어렵고, 시간도 많이 걸리는 놈의 언어라는 걸 몸으로 느낄 수 있다. 시간타령 할 계제가 아니다. 나중에 문제 생기면 돈도 시간도 배로 들 뿐 아니라 6개월만 지나도 "엄마는 몰라서 그래!" 하는 아이들에게 말빨이 안 서고 만다. 그때 가서 중국에 쫓아가봐야 소용없는 경우가 태반이다. 사태는 진퇴양난, 설상가상이 되어 갈 뿐이다.

그래도 도저히 생업 때문에 시간이 없다면, 별 수 없다. 정말 신중히 아이의 생활을 관리할 분들을 찾아야 한다. 단순히 하루 세 끼 밥 해먹이고 빨래해 주면 되는 것이 아니다. 엄마, 아빠의 역할에 중국에 없는 담임선생님과 생활지도 선생님의 역할마저 해야 한다. 신중히 그런 분을 선택한다. 그리고 선택하고 나면 그분의 말을 콩으로 메주를 쓴다 해도 믿어야 한다. 아이에게 "엄마 미쳤어? 우리 엄마 맞어?" 소리를 들을 정도로.

만약 경제 형편 등의 사정으로 홈스테이나 관리하시는 분에게 맡길 수 없고, 기숙사에서 생활하게 해야 한다면 한국에서 아이의 공부의 저력을 키워 보내야 한다.

공부저력이란 이해력, 사고력, 표현력, 열정, 공부습관, 집중력 같은 것을 말한다. 이런 것들을 익혀서 유학을 보내도록 하자.

만약 이것도 어려우면, 절대 대학을 졸업할 때까지 한국에 돌아올 비행기표라도 사주지 말아야 한다. 쪼르륵 방학만 되면 한국에 오다보면 엄마, 아빠들 마음속에 있는 "그래도 중국어는 할 줄 알거 아냐!"가 안 된다. 정말 한 가지에라도 미쳐야(狂), 중국조기유학에 성공할 수 있다. 이런 대책과 마음 없이 중국으로, 아니 조기유학을 보내는 것은 아이를 쓰레기통에 내다버리는 것과 같다.

> 아는 것만으로는 충분하지 않다, 이를 적용해야 한다. 의지만으로는 충분하지 않다. 이를 실천에 옮겨야 한다.　　　　　　　　　　　－ 괴테 －

생각 좀 하고 살자

　　중국이란 소문대로 안 되는 것도 없고, 되는 것도 없는 나라다. 돈이 있으면 안 되는 것도 되게 할 수 있지만, 돈이 없으면 되던 일도 안 되는 게 중국이다. 중국의 조기유학을 준비하는 한국의 부모들이 유학원에 가장 많이 부탁하는 것이 바로 이 3가지다.

> 첫째, 한국아이들이 없는 데로 가게 해주세요.
> 둘째, 돈이 좀 들더라도 제일 좋은 학교에 가게 해주세요.
> 셋째, 영어로 수업하는 학교로 가게 해주세요.

　　정말 맞는 말이다. 한국 아이들이 없어야 중국말도 빨리 배운다. 빨간 걸 가까이 하면 빨갛게 되고, 검은 걸 가까이 하면 검게 된다고 공부 잘 하는 수재들과 공부해야 자극을 받아 공부를 잘하게 된다. 아무리 중국어가 앞으로 뜬다 하지만 영어 모르고는 행세를 못하는 한국의 실정으로 봐서 영어로 수업을 하는 수업시간에는 영어를 배우고, 중국어는 중국친구들을 사귀면서 생활 속에서 배우면 일석이조임에 틀림없다. 그리고 지금까지 이런 학교에 한국아이들이 많이 다니고 있는 것도 사실이다.

정말 합리적이고도 이치에 딱딱 맞아서 어디 흠잡을 구석이라곤 없는 계획이다. 그렇지만 생각해 보자. 우리들의 살아온 경험에 비추어 봐도 완벽한 계획이란 실상은 현실을 무시한 것이기 일쑤다. 하나하나 조목조목 생각해 보자.

첫째, "한국아이들이 없는 데로 가게 해주세요."

우선 이제는 이런 곳을 찾기가 어렵다. 왜냐하면, 이미 많은 한국 아이들이 중국에 와 있기 때문이다. 그런데 아직도 한국아이들이 없는 곳이라면 오히려 의심을 해봐야 함이 옳다. 오죽하면 아직 그 흔한 한국 학생들 하나 다니고 있지 않을까. 보다 큰 이유는 다음에 있다.

교도소에서 재소자들에게 주는 형벌 중에서 가장 무거운 것이 독방에 가두는 것이다. 이것은 혼자 있다는 것이 얼마나 힘든 것인지를 반증해 주는 좋은 예이다. 아이들은 몇 개월간 어학연수를 간 것이 아니다. 거기에서 중·고등학교를 다니며 대학교에 진학해야만 한다. 적어도 3년 이상을 그 학교에 다녀야 한다. 그런데 한국말을 할 수 있는 아이가 전혀 없다면 아침 8시부터 오후 5, 6시까지 이 아이는 말 한 마디도 못하고 있는 경우가 생긴다. 머리 좋고 현명한 부모들은 이렇게 반문할 수도 있다. 중국어로 중국아이들과 얘기하면서 친구를 사귀면 되지 않냐고?

그래서 한번 아이들 유학보내기 전에 엄마나 아빠가 중국에 어학연수라도 가보라는 것이다. 어느 날 갑자기 이 아이들은 귀머거리가 된 것이나 마찬가지다. 선생님이 수업시간에 하는 말씀은 중국어 학원에서 "내 이름은 ○○○입니다", "저는 ○○에

서 왔습니다" 하는 기초 중국어도 아니고 못 알아들으면 몇 번
이고 다시 천천히 얘기해 주는 것도 아니다.

어학연수를 가서 1시간 동안 간단한 중국말을 듣고 말하는
데도 갑갑증이 나서, 수업 종이 울리기가 무섭게 남자들은 "어
이 머리아파" 하며 담배를 입에 물기가 바쁘고, 아줌마들은 "자
긴 잘 하네. 난 하나도 모르겠어", "나도 마찬가지야" "어저께 그
렇게 외웠는데도 하나도 생각이 안 나…."

이런 한탄과 푸념을 주고받게 마련인데, 아이들에게 하루아
침에 전부 중국어로 말하는 영어며, 수학을 1시간 내내 귀 쫑긋
해서 듣고, 휴식시간이나 점심시간마저 중국어 회화연습도 하고
친구도 사귈 겸 중국친구들과 얘기하라고? 요새 유행하는 말 흉
내내서 "니가 해보세요"다.

한국에서, 혹은 중국어 학원에서 배운 중국어로 대화를 해
봐야 외국인이 하는 중국어를 들어본 적이 없는 중국아이들이
무슨 말을 하는지 알아듣지를 못한다. 중국아이들도 애들이긴
마찬가지다. 뭐가 답답해서 말도 안 통하는 아이와 짧은 휴식시
간을 어렵게 이야기하면서 보낼까. 입장을 바꾸어 생각해 보자.
우리 어른들 같으면 그리 하겠는지….

도둑놈을 쫓을 때도 도망갈 길을 열어두라는 옛말이 있듯이
아이들에게 숨돌릴 틈을 주어야 한다. 한국 땅에서도 영어수업을
원어민과 1시간이라도 하고 나면, 휴식 시간에는 한숨 내쉬는 게
대부분의 아이들이다. 중국 학교에서의 수업시간, 정신없이 또는
멍청이처럼 고문 같은 1시간의 수업시간을 보낸 아이들이 쉬는
시간에 한국아이들끼리 어울려 잡담이라도 해야 다음 1시간을
견딜 수 있다. 물론 폐해도 있다. 같이 어울려 다니며 놀기만 하
는 경우가 생긴다. 그러면 학교에 한국아이들이 없는 아이들은
안 그럴까? 아예 학교를 안 가고 PC방으로 직행하고 만다.

둘째, "돈이 들더라도 제일 좋은 학교에 가게 해주세요."

조기유학을 보내는 부모들 가운데는 북경의 55중과 같은 명문 학교에 보내기 위해 가뜩이나 중국학생들에 비해서 수십 배에 달하는 등록금 외에 기부금까지 내고 아이를 입학시키는 부류가 있다.

이해는 간다. 그러나 문제는 효과다. 명문학교란 1% 안에 드는 아이들만이 진학할 수 있는 학교다. 한국에서 수학경시대회에 나가서 금메달이라도 딴 아이라면 모를까, 보통의 아이들에겐 고통을 배가시킬 뿐이며, 조금 더 일찍 학교를 떠나 PC방으로 직행시키는 방법이다.

> "북경의 명문학교인 80중에 들어갔습니다. 국제 반이 아닌 본과 반으로 들어갔죠. 중국아이와 같이 배우는 반입니다. 이곳은 장난 아닙니다. 전국에서 뽑혀온 아이들이 모여 있는 학교로 중국에서도 손꼽히는 학교였습니다. 공부벌레들만 모였습니다. 친구끼리 속삭이는 것도 없고 점심시간 쉬는 시간 모두 공부합니다. 모두 기숙사 생활이고, 이들은 내가 살길은 공부만이다라는 신념으로 공부합니다. 학교 시설은 좋지만 모두 교실에서 공부하느라 교실과 기숙사만 왔다 갔다 합니다."
>
> —아이 셋을 중국에서 공부시키는 엄마—

자식 사랑하는 마음에 기부금까지 내며 들어간 학교가 한국 아이들끼리 모여앉아 공부하거나 PC방으로 직행하게 만든다면 생각해 볼 문제다. 뱁새가 황새 쫓아가려다 가랑이 찢어진다는 말도 있다.

 **"영어로 수업하는 학교에 가게 해주세요."**

　　이른바 진짜 인터내셔널 학교다. 원칙적으로는 주재원 자녀가 아닌 경우에는 입학할 수가 없다. 어찌어찌 돈이면 안 되는 것이 없는 중국이기도 하니까 들여보냈다고 하자. 그런데, 문제는 아이가 수업을 못 따라간다는 데 있다. 영어 과외까지 하면서 발버둥을 친다. 그러다 기숙사에 돌아가거나 집 또는 홈 스테이에 오면 한국어를 사용한다. 실생활에선 영어를 써먹을 도리가 없다. 도리어 이런 아이들은 중국에 온 지 1년이 넘도록 길 가다 콜라 한 병 사먹기도 어렵다. 중국어가 안 돼서.

　　아빠, 엄마가 원하는 북경대나 청화대에 가려면 중국어를 잘해야 한다. 아직까지 청화대는 중국어만 시험을 본다. 대부분의 중국학교는 원어민에게 영어를 배운다. 이른바 명문중학교를 졸업한 중국아이들의 영어실력은 수준급이다. 읽고, 쓰고, 말하는 데 전혀 지장이 없다.

　　내 말은 영어공부는 중국학교의 수업을 충실히 소화하는 것만으로도 충분하다는 얘기다. 한국에서 영어 꽤나 했다는 한국아이들이 중국학교의 영어수업을 따라가지 못해 쩔쩔맨다. 그래도 아이에게 영어공부를 시키고 싶으면, 학원을 꾸준히 보내는 게 좋다. 한국보다 비용도 당연히 싸다. 일석이조도 좋지만 우선 중국에 왔으면 중국어 하나라도 확실히 해놓는 게 지혜롭지 않을까 싶다.

분명한 이해 없이 행동하고, 생각 없이 습관을 만들고, 어디로 가는지도 모른 채 모두가 가는 길을 맹목적으로 따라가는 것은 군중이 하는 일이다.
－ 맹자 －

만만디(漫漫地). 천천히, 천천히

이 리스트가 전부 한국 학생들이 유학을 갈 수 있는 중국학교나 알선기관들이다. 그것도 상해 지역만. 북경이나 천진까지 합하면 그 수는 정말 어마어마하다. 물론 한국에도 무지하게 많다. 어딜 가나 다 좋은 얘기를 한다. 실제로는 좋은 경우도 있고, 나쁜 경우도 있다.

내 말의 요점은 '한국에서 알아보는 것과 중국에서 알아보는 것은 당연히 많이 다르다'이다. 백번 들어봐야(百聞)이 한번(一見)보는 것보다 못하다(不如). 한국에서 6개월 걸리는 것이 현지에선 1개월이면 알 수 있다. 또, 중국에 와서 처음 1개월 동안 알아 볼 수 있는 것과 6개월쯤 지난 뒤 알아볼 수 있는 건 어마어마하게 다르다.

나 스스로도 천진에 처음 도착했을 때와 떠날 때쯤, 그리고 북경에 왔을 때와 상해에 왔을 때는 많이 달랐다. 상해에 올 때쯤 되니까 제일 잘 아는 건 나였다. 알선기관이나 현지학교의 관계자들도 특정 지역의, 자신들이 계약을 맺고 있는 학교만 알

뿐이었다. 선택의 폭은 넓을수록 좋은 것. 시간과 비용에 얽매이
지 말고 천천히 준비하자.

　벌써 짧은 시간에 누누이 얘기했지만 천차만별이다. 우선 비
용이 그렇고 환경이 그렇다. 우선은 경제 상황을 염두에 두고 생
활물가를 비롯한 전체적인 유학비용을 산출해 보면서 지역부터
선택할 필요가 있다. 학교 같은 건 현지에 가서 어학공부를 하면
서 천천히 알아봐도 늦지 않다. 원래 진주는 파묻혀 있게 마련.

　더 중요한 것은 한국에서의 준비다. 실용적으로 준비해야 할
것은 한자(간자체), 영어, 수학이다. 물론 본질적으로 준비해야 할
것은 공부저력. 학원에서 아이들을 가르치다 보면, 우리 한국아이
들이 가장 약한 부분이 외우기다. 그래서 사회, 과학이 어렵다고
들 한다. 엄마, 아빠가 학교 다닐 땐 흔히 암기과목이라고 했던
것이다. 공부 좀 했던 엄마, 아빠는 도대체 사회 같은 걸 왜 틀리
는지 이해를 못하는 경우가 많다. 그냥 외우면 되는데.

　하지만 지금의 우리 교육은 학교 교육 자체가 외우기가 아니
다. 그러다보니까 아이들도 외우는 힘이 없다. 영어. 초등학교부
터 중학교 2학년까지 거의 5년 이상 영어학원에 다닌 아이가 막
상 homework(숙제)의 스펠링을 제대로 못쓰는 경우가 있다. 보면
읽는다. 말로도 할 줄 안다. 그러나 쓰라면 못 쓴다. go(가다)와
went(과거형)가 같은 동사인 줄을 모르는 중학생이 부지기수다.
사전이나 자습서를 보고 동사기본형 – 과거형 – 과거분사를 외워
본 적이 없는 아이들이 태반이다. 그러니까 응용도 안 된다.

　중국의 영어공부는 엄마, 아빠들 세대식이다. 단어도 외우
고, 문장도 외운다. 명문학교 가서 공부하면서 중학생이 go의

학원	학교(유치원)		학교(중국학교) ※외국인 입학가능
눈높이상해대교 虹梅路3211号泰豪大厦5A-01 ☎:6446-8052~3	동위항유치원 东余杭路420号 ☎:6541-1743	짐보리세계적인 조기교육 프로그램(소주) 苏州工业园区现代大道158号新城大厦 邻里中心B楼4楼 409-410 ☎:0512-62883401	상해시세계외국어중학교 上海市世界外国语中学 浦北路380 桂林路57号 ☎:6419-8567
뉴아트미술학원 新艺术美术学院 闵行区红松路175弄3号301 / 302室 ☎:5476-0069	리라유치원 RIRA 沪青平公路1358号康虹花园内 ☎:5976-7401/6209-9454(문의)	짐보리세계적인 조기교육 프로그램(무석) 无锡市中山路260号(大洋百货)7楼 ☎:0510-2720606	상해사범대학부속중학교 上海师范大学附属中学 桂林路120号 ☎:6470-1528
상해 주말학교 上海韩国周末学校 莘松路958弄 ☎:6268-8749/133-9118-4771(교감)	몬테소리유치원 沪青平公路1481号 ☎:5988-5023	천재어린이조기교육센터 天才宝贝早教中心 浦东张扬路500号时代广场6楼 ☎:5836-8336	천산중학교 天山中学 娄山关路505号 ☎:6259-8336
신대일학원 新大一学院 재외국민자녀 전문교육기관 古北新区荣华东道126号维多利亚F楼4层 ☎:6209-9445/6209-9447	무지개미술학원 古北金象公寓1-102 ☎:6219-7619	HDEE영어조기교육센터 HDEE英语早教中心 浦东张扬路500号时代广场6楼 ☎:5836-8336	중국중학교 中国中学 永嘉路388号 ☎:6437-5080
상하이사범대학교한어교육센터 上海师范大学汉语培训中心 闵行区程家桥路218弄汉语培训中心 ☎:5422-2208 FAX: 5422-2209	빅토리아유치원 虹梅路3297华光花园81号 ☎:6405-6668	HDEE영어조기교육센터 HDEE英语早教中心 虹桥路1665号洛城广场5楼 ☎:6278-4727	동연안중학교 东延安中学 延安西路601号 ☎:6213-1008
엘리트중국어학원 精英汉语学院 红松路175弄3号301室 ☎:5476-0068	상하이음악유치원 淮海东路6号 ☎:63260811	카페리유치원 虹桥路1980号 ☎:6261-4446	서연안중학교 西延安中学 金钟路350号 ☎:6239-4600
왈츠피아노학원 红松路175弄18号401室 ☎:5476-2776	상해엔젤유치원 上海ANGEL幼儿园 吴中路2358号 ☎:6419-8610	韩国奇幻冰淇淋芭菲 ICE BERRY ☎:5258-0103	선하고급중학교 仙霞高级中学 水城路450弄1号 ☎:6259-0198
인터코리안 아카데미 학원 古北新区荣华西道79弄10号A座 ☎:6275-0966/6295-5997	송칭링유치원 虹梅路3908号 ☎:6242-9851	학교(중국학교) ※외국인 입학가능	*복단대학부속중학교 复旦大学附属中学 杨浦区国权路383号 ☎:6564-4371 FAX:6511-4611
재능교육 才能教育 水城南路37号万科广场1304室 ☎:6479-6770/6478-8367	신대일국제유치원 ☎:6274-9074	건평중학교 建平中学 浦东崮山路517号 ☎:5885-8520	*진재중학교 进才中学 浦东杨离中路2788号 ☎:6854-1158
조은칭구중국어학원 好朋友学院 七莘路3333弄万科城市花园 ☎:6419-6613	웨이하이루유치원 威海路幼儿园 威海路730号 ☎:623-2418	신홍교고급중학교 新虹桥高级中学 虹桥路2206号 ☎:6242-9429	포발중학교 浦发中学 浦东湖南公路2588号 ☎:5812-0055
중국언어배훈기지 (한글교육) 中韩语言学院 浦东张江科技园科苑路299号 ☎:5080-1537	진후이유치원 红松路700弄 ☎:6449-4727	칠보중학교 七宝中学 七中路1号 ☎:6459-2100	화동사범대학제2부속중학교 华东师范大学 第二附属中学浦东张江晨晖路555号 ☎:5080-1457
한무태권도장 汉武跆拳道 龙柏黄华路110号 ☎:6449-1353	짐보리세계적인조기교육프로그램(구베이) 金宝贝全球早教第一品牌 虹桥路1665号洛城广场5楼 ☎:6278-4727	상홍중학교 上虹中学 虹桥镇环镇南路110号 ☎:6406-0524	화동사범대학부속동창중학교 华东师范大学 附属东昌中学栖霞路34号 ☎:5878-6036
현대어학원 浦东新区龙阳路1880弄 万邦都市花园17号101 ☎:5042-3571, 1339-108-8781	짐보리세계적인 조기교육 프로그램(포동) 金宝贝全球早教第一品牌 浦东张扬路500号时代广场6楼 ☎:5836-8336	상해중학교 上海中学 上中路400号 ☎:6410-0430	*육재중학교 育才中学 沪宜公路2001号 ☎:5910-9101
학교(유치원)	짐보리세계적인 조기교육 프로그램(서가회) 天钥桥路333号腾飞大厦503A 乐山路33号1号楼706室 ☎:021-61213618	상해시제삼여자중학교 上海市第三女子中学 江苏路155号 ☎:6252-6860	복흥중학교 复兴中学 新市南路583号 ☎:6517-7634

과거도 모른다면 암기박사인 중국 아이들이 어떻게 생각할까…. 우리 어렸을 적처럼 사람취급도 안 한다. 비싼 원어민이 가르치는 회화학원에 다닐 필요가 없다. 동사의 현재 - 과거 - 과거분사라도 똑똑히 외우는 '외우기 습관'을 익혀 주자.

> 스승은 제자들에게 신념과 사랑은 줄 수는 있어도 지혜를 줄 수는 없다. 그 스승이 참으로 현명하다면 자기의 지혜의 집으로 들어오라고 명령하지는 않으리라. 그보다는 제자들에게 그들 자신의 마음의 문으로 들어가라고 말할 것이다.
>
> — 출처 미상 —

1부 성 공(成功)

　　성공이란 단어는 언뜻 누구도 의심하지 않을 확실한 의미를 가진 단어다. 그러나 한 번 더 생각해 보면 참으로 애매모호하기 짝이 없다. 마음에 드는 상대와 데이트를 하기만 해도 성공이란 말을 쓰지만, 마침내 결혼을 하게 될 때에도 성공이라고 한다.

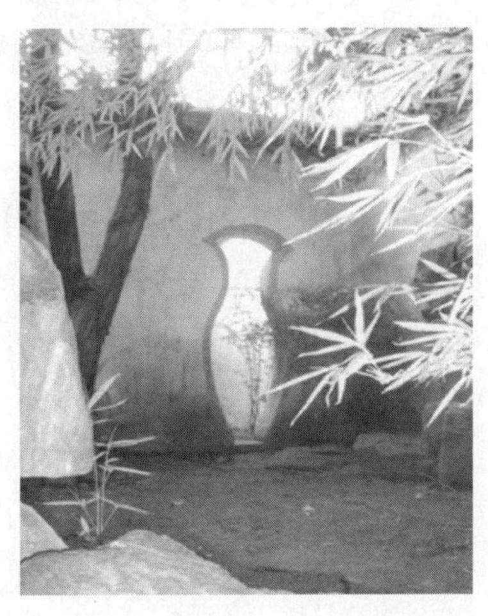

　　성공에는 이렇게 작은 성공과 큰 성공, 부분적인 성공 등 여러 수준의 성공이 있음에도 내가 여기에 등장하는 사람들을 중국유학의 '성공' 사례로 소개하는 것은 적어도 자신들이 한국을 떠나면서 가졌던 각오를 성실히 실천했고, 목표도 이루어 가고 있기 때문이다.

나는 조기유학 또는 유학하는 사람들이 어떻게 공부하고 생활하고 있는지를 곁눈질이라도 하기 위해서 중국의 이 도시, 저 도시를 기웃거리면서 압박감 같은 것을 느꼈다. 한국에서는 언론마다, 중국에서는 사업을 하는 지인들마다 하도 유학생에 대해서 부정적인 소리만 하는 통에…. 그러나 곧 내 걱정은 공연한 것이었다는 것을 알았다. 얼마나 많은 학생들이 열심히 공부하고 성실히 생활하고 있는지….

내가 석 달이나 예정을 하고 조기 유학지(?) 순례에 나선 것은 그저 관찰자로서 이 사람 저 사람, 이 구석 저 구석을 쑤시고 다니며 짧은 시간 휙하고 취재를 하고 돌아오기보다는 짧은 기간이나마나 또한 유학생의 신분으로서 중국어를 공부하고 생활하며 그들과 동업자적인 입장에 서고 싶었기 때문이다.

나는 처음 천진(天津)으로 갔다. 순례의 여정을 중국의 3대 도시이자 유학생이 가장 많다는 천진(天津) → 북경(北京) → 상해(上海)로 잡은 까닭이다. 천진에 도착하자마자 나는 몇 곳의 어학원을 방문해서 하루 종일 입구에 서서, 어린 학생들이 많이 다니는 학원이 어딘지를 지켜봤다. 내가 도착한 5월초는 마침 중국어능력을 측정하는 HSK 시험이 얼마 남지 않은 때인데다, 6월에는 대학입시가 있는 시점이어서 저녁에는 첫눈에도 중·고등학생으로 보이는 아이들이 시험 준비를 위해 수업을 듣고 있었다. 그러나 시험과 입시준비에 여념이 없고, 신경이 날카로워질 대로 날카로워진 아이들이 나와 이야기할 시간을 쉽사리 허락할 것 같진 않고 내 중국어 실력으로는 아이들이 듣는 수업을 들을 수도 없었다.

나는 9시부터 시작하는 첫 수업을 주목했다. 몇 번, 반을 옮기고 나서 드디어 황금비율로 짜여진 반에 들어갈 수 있었다. 초등학교를 졸업하고 유학온 지 3개월 된 아이 둘, 중학교를 졸업하고 온 아이 하나, 고등학교 졸업하고 대학에 가려고 온 아이 하나 그리고 대학을 휴학하고 온 여학생.

제일 숙제도 잘해오고 말도 잘하는 건 초등학교를 졸업하고 온 두 아이였다. 어려운 한자도 척척 읽었다. 형, 누나들이 모르는 건 이 아이들이 가르쳐준다. 선생님이 설명하는 걸 형, 누나들이 이해하지 못하면 통역까지 해준다. 벌써부터 성공의 씨앗을 찾은 느낌이었다. 같이 수업을 받다보니까 오가는 얘기를 통해 녀석들의 생활을 짐작할 수가 있었다. 두 녀석 중의 하나는 엄마와 같이 와 있었고, 다른 녀석은 혼자 와서 홈스테이를 하는 모양인데, 행동거지 하나하나가 반듯하다. 숙제를 안 해오면 선생님은 홈스테이에 전화를 건다고 협박을 하고, 그러면 정색을 하고 다음부터는 꼭 해올 테니까 제발 전화하지 말아 달라고 사정을 한다. 점심을 사준다고 하니까 홈스테이에 전화해야 한다고 한다. 아직 그 흔한 핸드폰도 가지고 있지 않다. "요거 봐라!" 하는 생각이 들었다.

9월에 중학교에 입학하는데, 아이들 말로는 한국 학생들이 너무 '깽판'을 쳐서 좋은 학교에서는 한국 학생들을 잘 안 받으려고 한단다. 그런데 자기는 '까딱마이신'이란다. 공부 잘하는 누나 때문에…. 자기가 홈스테이를 하는 집의 누나가 공부를 잘해서 자기도 입학하는 데 문제가 없을 거라고 자랑을 한다. 그렇게 나는 은정이네를 알게 됐다. 그리고 한 사람 한 사람 성공의 주인공들을 만나게 된다.

황신숙

완벽한 '바일링규얼'(Bilingual)로
캐리어 우먼의 꿈을 키워 간다

황신숙 씨는 신항도(新港島)어학원 북경(北京) 구오마오점 디렉터다. 신항도 어학원은 상해에 본사를 두고 있는 외국어 학원 체인인데, 작년에 북경(北京)에 진출하여 2개의 분원을 개설했다. 한국 유학생들이 많이 거주하는 우다오커우점과 중국의 무역센터가 있는 구오마오(國貿)점이다.

신항도 어학원은 대부분의 어학원처럼 한국인이 운영하는 한국 유학생을 대상으로 하는 곳이 아니다. 중국인이 운영한다. 또한 황신숙 씨가 일하는 신항도 어학원 구오마오점은 여느 어학원처럼 회화나 TOEFL, TOEIC 등을 가르치는 학원이 아니다. 구오마오(國貿)는 이름 그대로 무역중심거리다. 이곳은 외국계 기업들의 본사나 북경지사와 중국의 무역회사들이 자리잡고 있다.

그녀는 구오마오점에서 기업 CEO를 대상으로 하는 VIP 개인 레슨이나 비즈니스 실무 회화 등 1 : 1 또는 맞춤형 영어 강의를 수요자들의 요구에 맞춰 코디네이팅 하고, 원어민 강사들1

을 리쿠르팅 하는 일을 하
고 있다.

　고객들이 주로 유럽이
나 일본 등 외국계 기업의
중국 지사장들이거나 중국
기업의 CEO, 무역을 담당
하는 부서장들인 만큼, 영
어실력과 함께 중국어 실력

▶ 신항도어학원 구오마오점
디렉터 황신숙 씨

도 뛰어나야 하는 자리에 중국인도 아니고 원어민인 미국인이나
영국인도 아닌 한국인이 최고책임자로 일한다는 것은 기업의 규
모를 떠나 쉽지가 않은 일이다.

　북경은 우리가 생각하는 것보다 훨씬 국제적인 도시다. 어
디서나 관광이나 유학 온 서양인들을 만날 수 있다. 미국이나
영국은 우리보다 거의 20년을 앞서 중국과 수교한 탓인지, 유창
한 중국어를 구사하는 사람들도 많다. 그런 환경에서 한국인이
영어학원의, 그것도 한국인이 아닌 중국인이 경영하는 학원의
디렉터로, 더구나 한국인 유학생이 많은 우다오커우 같은 곳이
아니라 엘리트 외국인 집합소와도 같은 구오마오에서 디렉터로
일한다는 것은 그녀가 중국인들에게는 중국인으로 여겨질 만큼
능숙한 중국어를 구사할 뿐 아니라 문화적으로도 완전히 '중국
화'된 증거라고 할 수 있다.

　사실 내가 황신숙 씨를 알게 된 건 아주 우연이었다. 한국
에서는 영어를, 아니 TOEIC점수가 나쁘면 취업이 불가능한 이
시절에 중국에 유학하고 있는 대학생들의 영어실력은 어느 정도

인가를 알고 싶어 이곳저곳을 탐문하다가 연락을 하게 된 곳이 신항도 어학원이었기 때문이었다.

내가 알고 싶은 것을 충분히 설명하기에는 턱없이 부족한 내 중국어 실력과 영어실력 탓에 한국어를 할 수 있는 사람을 찾았더니 한참 만에 연결된 것이 황신숙 씨였다. 저간의 사정을 얘기하고 방문을 하기 전까지는 한국 사람들을 대상으로 영업을 하는 학원이면 어디나 한 명쯤은 있는 조선족 상담원인 줄 알았던 나는 그녀와 수인사를 하고나서 깜짝 놀라게 된다.

인터뷰를 막 시작하려는 때, 마침 걸려온 전화로 원어민 강사와 한참 얘기를 나누는 것을 듣고 나서, 그저 듣기 좋으라고 "영어를 참 잘하시네요." "어디서 공부를 했어요?" 했더니, "저 부산외고 나왔습니다" 한다. 그녀와 인사를 하고 명함을 건네받았을 때까지만 해도 그녀의 한국어가 어딘가 약간 부자연스러운 데다 경직된 느낌을 주고, 나를 안내해 준 중국인 비서와 나누는 중국어는 너무나 완벽해서 그녀를 조선족 동포로만 생각을 하고 있었다. 그런데 영어회화 실력이며, 숏커트에 까만 티셔츠를 입은 그녀의 행동거지가 너무 세련되어서 '조선족 중에 이런 사람들도 있구나!' 하고 속으로만 생각하고 있었던 참이었다.

인터뷰를 시작하려고 하는 순간, 전화가 오는 바람에 인터뷰를 시작하기 전이었던 것이 천만다행이었다. 나는 얼른 질문의 내용을 바꿔치기했다. 내가 그렇게 찾던 현지취업을 한, 그것도 여성이지 않은가.

여성의 사회진출이 놀라울 정도로 활발하고, 고위직 여성들도 많은 중국에서 공부하는 한국 여학생들의 진로는 오히려 너

무나 좁다. 중국어와 임금에서는 조선족 여학생들과의 경쟁에서
뒤지고, 활동성에서는 한국 남학생들에게 뒤진다. 게다가 한국어
공부를 열심히 하는 중국인 여학생들과도 경쟁을 해야 하기 때
문이다. 한국 기업들도 단순 업무에는 중국어도 잘할뿐더러 임
금이 싼 조선족을 선호하고, 중국내 업무에는 명문대학교를 나
온 영어가 능숙하거나 한국어를 공부한 중국인 여성들을 선호한
다. 한국 여학생들은 한 마디로 이리 채이고 저리 채이다 그냥
귀국하는 경우가 태반이다.

황신숙 씨는 어찌 보면 중국에서 공부하는 '여학생들의 미
래'라는 생각에 꼬치꼬치 그녀 이야기를 듣기 시작했다.

"제가 처음 중국에 온 것은 2000년도였습니다. 이때 중국에
서 배운 1학기 분량의 중국어가 지금 제가 가진 중국어 능력의
큰 밑거름이었습니다. 복학과 휴학을 반복해서 대학교 3학년, 그
것도 24살에 어학연수를 온다는 것도 부담이었고, 중국어와 함
께 중국에 있는 동안 영어도 같이 공부할 생각이었기에 일부러
어린 한국 학생이 많은 학원가는 피하고 북경 변두리의 작은 학
교를 선택했습니다. 그때 저희 반 구성이 인도네시아 학생 3명,
러시아학생 2명, 미국인 1명, 일본인 1명, 한국인 3명이었고, 주
변이 외지인이 드나드는 상업 지구가 아닌 거주 지역이여서 사
투리를 구사하는 중국인이 많이 없었고, 주변에 한국어를 말할
수 있는 환경이 전혀 없었습니다.
그래서 물건을 사거나, 밥을 먹거나, 버스노선을 묻거나, 어
딘가를 찾아가거나 할 때, 항상 중국어만을 사용해야만 하는 상
황이었기 때문에 중국에 온 지 두 달이 안 되어서 어느 정도의
의사소통이 가능하게 되었습니다. 한국인 비율이 90%를 넘고,

주위에서 바로 한국인을 접할 수 있는 학원가의 학교에 비해 상당히 많은 부분에서 이득을 본 셈입니다.

좀 특이한 경우지만 저는 중국에 어학연수를 오기 전에 중국어 공부보다는 영어를 더 열심히 했습니다. 중국에 어학연수를 오는데 왜 영어를 공부해야 하는가 하겠지만 실제로 중국 오기 전에 중국어 기초를 두 달 닦고 오는 것보다 영어회화나 단어를 익히고 오는 것이 중국에서 중국어를 공부하면서 영어에 대한 감각을 잃지 않는 최고의 방법이라고 생각했기 때문입니다.

중국은 영어만 알아서는 지내기 힘든 곳이지만 일단 학교에서 교재로 사용하는 책들이 영어로 설명되어 있는 경우가 많고 같이 공부하는 외국 학생들이 대부분 영어로 의사소통을 하는 경우가 많기 때문입니다. 실제로도 처음에 중국어로 의사소통이 불가능해서 같은 국적의 학생들끼리 다니다가 정작 나중에 중국어가 많이 늘어도 처음 다니던 사람들끼리만 모국어를 쓰면서 다니는 경우를 많이 보았습니다.

중국에서 영어실력과 중국어실력을 동시에 늘렸던 데는 처음 중국에 올 때, 영어 기초를 다졌었고, 중국어 교재나 같은 반 학생들과 중국어 공부를 할 때 영어를 사용했기 때문입니다. 중국에서 학교수업과 동시에 학원을 다니고 싶었지만 이때 환율이 1달러당 1800원정도 하던 때라 경제적으로 여유가 없었습니다. 그래서 대신 선택한 방법이 미국인 일본인 친구들과 함께 한 그룹 스터디와 중국인 학생에게 받은 푸다오*(과외)였습니다.

한국어로 문법적 설명은 불가능했지만 한자 사전 찾기에 약한 서구권 학생과 발음과 단어 활용면에서 약한 아시아계열 학생들이 함께 공부하는 것은 서로 다른 부분의 문제를 보완해 줄

---

* 푸다오: 보수를 받는 대신 중국인과 외국인들이 서로의 언어를 가르쳐 주는 것.

수 있었습니다. 또한, 각기 다른 문화의 학생들끼리 주고받는 정보나 중국생활상도 중국어 이외에 다른 문화의 에티켓을 배울 수 있는 좋은 기회였습니다. 이런 경험은 후에 한국과 미국에서 일을 하면서 접하게 됐던 각기 다른 나라 사람들과 친교를 맺어 나가는 데도 많은 도움이 되었습니다."

인터뷰의 순서가 으레 그렇듯이 마지막으로 중국에서 일하고자 하는 유학생들에게 도움이 될 한 마디를 부탁했는데, 안 물어봤으면 섭섭했을 뻔 했다는(^^) 생각이 들 정도로 똑소리 나게 이야기를 해주었다. 역시 성공하려면 항상 준비되어 있어야 한다는 것을 나 자신, 다시 체험으로 배우는 순간이었다.

"중국에서 일할 때에는 중국인과 일하는 것이 한국이나 미국, 유럽 사람들과 일하는 것과는 많이 다르다는 것을 알아야 합니다. 중국에서는 사내에서 고용하는 사람들과 회사의 관계, 즉 계약의 개념이 다른 나라와는 많이 다릅니다. 한 마디로 개인적인 인간관계를 생각해야 하는 경우가 많습니다. 또 사생활에 대한 관념도 많이 다릅니다. 그렇지만 외국인으로서 중국식으로 순화될 수 없다면 자신이 외국인임을 이용해야 하며, 자신이 어떻게 생각하고 있고, 어떤 사람인지를 중국인에게 분명히 인식시켜야 합니다.
예전에 한 고객이 VIP클래스를 주문한 적이 있습니다. 계약을 하기 전에 교재나 강의 내용을 선생님과 직접 말해보고 싶다고 특정한 날에 약속을 잡았습니다. 전화로 약속을 잡고 정작 그 날 담당이던 외국인 강사와 연락을 취해서 상담내용을 체크하려는데 그 외국인 강사님 하시는 말씀이 자기는 아무런 연락을 받지 못했고 다른 스케줄이 있으니 다른 사람을 알아보라고 하시더군요. 너무나 황당해서 전날 예약을 담당했던 본원 비서에게 물어보니 하는 말이 '당직 서는 강사는 항상 있는데, 뭐가 걱정이야, 그냥 와요'였어요.

다른 한번은 기자재 담당하시는 분께 어느 날 대강의실에 스캐너와 정수기를 준비해 두라고 일러둔 적이 있습니다. 70여 명이 단체로 듣는 특강이라서 사무실로 사람들이 음료수 마시러 오는 경우에 업무에도 지장이 있고, 마시러 오는 분들도 충분한 휴식공간이 없을 거라고 이유도 말씀해 드렸습니다. 그런데 웬걸 스캐너만 있고 정수기가 없었습니다. 정수기가 없는 걸 보고 왜 없냐고 했더니 '내가 보니까 별로 필요 없겠어. 빌려오는 것도 번거롭고, 사람들 들어온다고 일을 못 하는 것도 아니잖아….'

이처럼 중국에서 일을 하다 보면 자기선에서 임의대로 처리하고 업무보고나 업무부문간 의사소통이 이루어지지 않는 경우가 많습니다. 중국에서 일할 때는 수정하거나 새로 시작할 만큼의 시간을 두고서 업무를 재점검하는 꼼꼼함이 더 필요하다고 생각합니다. 또 이런 꼼꼼함과 함께 미안함에 대한 여지를 두면 안 됩니다. 그러니까 중국사회에서 비판을 받거나 비판을 하거나 하는 것이 부끄럽거나 무례하다는 생각을 하지 않으신다면 중국에서의 진로를 개척하는 데 훨씬 도움이 되리라 생각합니다."

신숙 씨는 뛰어난 중국어 실력 덕에 중국 영화를 한국어로 번역하고, 한국드라마에 중국어 자막을 다는 일을 아르바이트로 하게 됐고, 이 영화번역일은 더욱 중국어 실력을 갈고 닦는 밑거름이 되었다고 한다. 영화관계일을 하는 남편을 만나 결혼을 하고 중국에 다시 온 신숙 씨는 2004년부터 신항도 어학원에서 일을 시작했다.

　　외국인 기업 대상의 맞춤형 영어학습 서비스 사업에서 탁월한 성과를 거둔 신숙 씨는 내가 귀국한 뒤로는 신항도 어학원 북경 사업의 마케팅 업무를 총괄하게 되었다고 한다. 족집게 강사를 모델로 학원로(學院路)*를 통과하는 버스에 대대적인 광고를 퍼붓는 공격적인 마케팅을 하고 있는 황신숙 씨가 중국에서 명실상부한 '바이링리런'(캐리어 우먼의 중국식 표현)이 될지 기대를 가져 보자.

○ 황신숙 씨의 중국 유학 결산서와 성공 Know-How	
결 산 서	1. 2마리의 토끼를 잡았다(영어와 중국어를 모두 배움). 2. 중국에서 캐리어우먼으로 성공할 토대를 잡았다.
성 공 Know-How	1. 장점을 잘 이용했다(영어를 활용하여, 중국 사람 또는 서양인과 친교를 맺음). 2. 적극적이다. 3. 나만의 학습법을 개발했다(영어로 중국어를 배움).

＊단지 시간이 경과하기만 하면 먼동이 트는 그런 아침이 아니다. 우리 육신의 눈을 닫아 버리는 빛은 우리에게 암흑일 것이다. 우리가 진정 깨어 있는 날에만 빛의 새벽이 온다. 새벽 뒤에는 더 큰 날이 있다. 해는 아침 별에 지나지 않는다.
　　　　　　　　　　　　　　　　　　　　－ 헨리 데이비드 소로 －

---

* 북경대학, 청화대학을 비롯한 여러 대학과 중·고등학교가 있는 거리.

은정이가 중국에 온 것은 초등학교를 졸업할 무렵이다. 그러니까 이제 3년 6개월쯤 됐다. 초등학교 6학년 겨울방학 전에 중국에 와서 다음해 9월에 은정이는 중국 중학교에 입학을 했다. 12월에 와서 중학교에 입학하기 전까지, 9개월 동안은 중국어 학원에서 중국어 공부를 기초부터 시작했다.

은정이는 사업장을 중국으로 옮긴 아빠를 따라 가족이 함께 중국으로 이주한 경우다. 그러니까 은정이는 유학생이 아니라 재중동포1.5세라고 할 수 있다. 그래서 은정이는 대학을 졸업하면 유학을 가려고 한다. 목표는 하버드 대학교. 법과 대학원을 졸업한 뒤, 국제변호사가 되어 중국에 돌아와 중국과 미국 그리고 한국을 오가며 일하는 것이 꿈이다.

▶ 남개 실험중학교 3학년 배은정

아빠, 엄마, 동생 그리고 중국에서 태어나 이제 17개월인 늦둥이 동생까지 온 가족이 함께 있는 은정이는 나홀로 유학을 온 아이들이나 엄마와 둘이 온 아이들보다 외로움도 덜 타고, 스트레스도 덜했던 것은 사실이다. 그러나 아침에 집을 나와 학교에 가면 온전히 혼자의 힘으로 모든 것을 해결해야 하는 것은 은정이도 다른 아이들과 다를 게 없다. 은정이는 어떻게 중국 학교생활에 적응해 갔을까.

ㅋㅋ 은정이의 쭝구어(중국) 일기(日記) / 배은정

아빠가 출장차 몇 번 오가셨던 동중국으로 아주 이사를 간다는 말을 엄마에게 들었다. 바쁜 이사 준비에 이어 드디어 출국. 천진 공항에는 아빠가 우리를 마중 나와 있었다. 차를 타고 가면서 신기했던 건 산이 하나도 없다는 것이다. 논 한가운데 나무가 줄지어 선 풍경이 계속된다. 1시간쯤 달렸을까, 아빠가 지금부터 천진시내라고 말씀하셨다. 한국말로 된 음식점들도 눈에 띈다. 처음 느낌은 촌스러움. 곧 이어 아빠가 집에 다 왔다고 하신다. 집? 여기가 우리 집? 우리 집이 서울에 있는 게 아니라 중국 천진이라는 게 실감이 안 난다. 아빠가 여기는 내 방, 여기는 동생 방하는 곳에 들어가니 벌써 침대, 책상 등이 있고, 마루에는 인터넷이 되는 컴퓨터가 놓여 있다. 컴퓨터를 보니까 안심이 됐다. 빨리 버디를 깔고 친구들과 대화하고픈 생각뿐이었다. 아빠가 텔레비전을 틀며, 한국TV가 나온다고 하신다. 한국에서는 TV 보는 걸 싫어하던 아빠가 그런 말을 하는 게 좀 이상했다. 엄마는 아빠가 우리들이 갑자기 바뀐 환경에 어려워할까봐 안심시키려고 그러는 것이라고 하셨다.

다음날부터 짐을 정리하고, 아빠가 퇴근해 돌아오시면 차를 타고 할인마트, 전자상가 등을 다니고 주말이면 북경에 놀러 가기도 하던 어느 날, 엄마, 동생, 나 이렇게 셋이서 함께 중국어 학원에 등록했다. 다음날 아침부터 우리들은 301구와 초급독해를 공부하기 시작했다.

엄마, 동생과 함께 나란히 앉아서 배우니까 이상하기도 하고, 열심히 성조(聲調)를 따라하는 엄마를 보니까 웃음이 나오기도 했다. 집에 돌아와서 점심을 먹고 나서 다시 식탁에 세 사람이 둘러앉아 복습을 했다. "이게 맞는 거다, 아니다 저게 맞는 거다" 하다보니까 금방 시간이 간다. 5시. 아빠가 돌아오시는 시간이다. 5시면 퇴근해서 집에 오는 아빠를 보니까 너무 신기했다.

한국에서는 일요일 아니면 아빠 얼굴보기가 힘들었다. 중국에 와서 좋은 점이라면 6시면 저녁 먹고 온 식구가 둘러앉아 퍼즐 맞추기 하는 재미다. 갑자기 영어학원에서 배웠던 이야기가 생각났다.

어느 부부는 5년이나 걸린다는 퍼즐을 3개월 만에 완성시켰다. 이 부부는 너무나 기뻐서 카페로 가서 골든 벨을 울렸다. 그러자 종업원이 부부에게 다가와 "무슨 기쁜 일이 있으시기에 골든 벨을 울리셨습니까?" 하고 물었다. 부부는 신이 나서 자기들이 지금 막 5년 걸린다는 퍼즐을 불과 3개월 만에 완성시켰노라 자랑을 한다. 그런데 아무래도 이상하다고 여긴 종업원이 자세히 보자 그 퍼즐은 완성시키는 데 5년(five years) 걸리는 퍼즐이 아니라 5세(five years old)용 퍼즐이었다.^^

우리 집에도 거의 밥 먹는 시간 빼고 온 종일 온 가족이 달라붙어서 완성한 퍼즐이 있다. 전에 있던 집의 마루에 항상 걸려 있던 그 퍼즐, 중국에 와서 처음 3개월의 추억이 담겨 있는 퍼즐도 혹시 5세용이 아니었을까.

9월이 되면서 한국 국제학교에 다니기 시작했던 나는 다음해 3월, 다시 천진 남개실험중학교로 전학을 했다. 학교에 가자 내가 그렇게 친구로 사귀고 싶었던 중국 아이들이 운동장으로 하나였다. 내 소개를 할 때는 선생님들도 아이들도 모두 박수를 치면서 중국어를 잘 한다고 그랬는데 막상 짝이랑 얘기를 하려니 내 말을 하나도 알아듣지를 못한다.

"니 찌아오 션머 밍즈(너 이름 뭐니?)."

계속 이름만 물어 볼 수도 없고, 학원과 국제학교에서 벌써 1년 이상 배운 중국어가 통하지를 않다니….

수업은 더 힘들었다. 그나마 영어나 수학시간에는 눈치로 때려잡을 수가 있었지만 사회, 과학시간에는 선생님의 말이 너무 빨라서 분명히 국제학교에서 배운 내용이고, 아는 단어인데도 들리지가 않았다. "아! 내가 정말 중국에 온 거구나" 하는 생각이 들었다. 집에 돌아오니 엄마가 걱정스런 눈으로 나를 쳐다본다. "어땠어? 다닐 만해?" 하는 표정이다. 중국에 와서는 하도 엄마, 아빠랑 보내는 시간이 많다 보니 표정만 봐도 무슨 생각을 하는지 알 것 같다.

"메이 셜(문제 없어요)."

씩씩하게 말하고, 간식을 먹으러 식당으로 갔다. 간식을 먹고 방으로 가 실컷 잤다. 아빠도 돌아오자마자 나를 불러서 "어땠니?" 한다.

"메이 셜(문제 없어)."

이런 식의 대화가 1주일 계속 됐을까. 엄마에게서 이메일이 왔다.

"은정아! 속상한 것 있으면 말해. 스트레스 쌓이면 엄마 아빠에 게 말해. 엄마, 아빠가 해결해 줄 수는 없지만 너의 속상한 마 음 들어줄 수는 있어."

괜히 눈물이 났다. 그 다음 날부터는 학교에 갔다 오면 선생 님 흉도 보고, 아이들 욕도 하고 그러니까 속이 좀 풀렸다. 중국 애들, 왜 그렇게 이기적인지…. 아빠가 그런다. 개네들은 선생님 들부터가 전부 외아들, 외딸이어서 자기밖에 모른단다. 나처럼 동 생을 돌보고, 누나니까 양보도 한 경험이 없어서 그렇단다.

샤오황띠(소황제)란다지. '그래, 마음씨 넓은 내가 참고, 니 들을 돌봐주지.' 이렇게 마음먹었다. 중국에도 왕따가 있다. 체육 시간이나 점심시간 같은 때, 홀로 앉아 있는 아이들도 나같이 외로울 것 같았다. 내가 먼저 다가가기로 했다. 효과는 직빵. 수 업시간에 슬쩍 그 아이를 봤더니 웃으며 손을 흔든다.

이제 친구가 생긴 건가. 메신저 주소를 알아가지고 돌아와 친구로 등록을 했다. 왕따 친구의 친구들도 나를 환영해 주었다. 아리를 통해서 숙제가 뭔지도 알게 되고 그러니까 조금씩 적응 이 되어 간다.

전학 와서 처음 본 시험의 결과가 나왔다. 다른 건 '꽝'이었지 만 영어와 수학은 잘 봤다. 입만 열면 영어 잘해야 한다는 아빠 때문에 중국에 와서 지금까지 계속 다니고 있는 ELS학원에서 배 운 덕택일까. 한국에서 가지고 온 중학교 1, 2, 3학년용 영어, 수 학 자습서와 참고서도 한몫 한 것 같다. 수학은 한국에서 하던 학 습지를 여기에 와서도 계속한 것이 효과가 있는 것 같고.

영어와 수학성적의 결과를 알고부터는 아이들의 태도가 달라졌다. 특히 영어 선생님은 수업시간에 나에게 영어로 질문도 하고, 책도 읽으라고 한다. 지금까지도 영어선생님과 가장 친하게 지낸다. 영어와 수학 때문에 학교생활에 자신이 생기고, 친구들도 사귀게 되자 학교생활도 할 만해졌다. 그렇게 방학을 맞이하자 중국어 문법을 보충하기 위해서 HSK* 전문 학원에 등록을 했다. 엄마는 성급하게 굴지 말고, 3급부터 시작해서 방학 때마다 차례차례 올라가라고 했다. 너무 쉽다는 생각이 들지만 3급부터 시작을 했는데, 지금 생각하면 엄마가 고맙다. HSK고급반 언니, 오빠들을 보면 어려운 문제는 잘 푸는데 오히려 기초적인 문제에서 틀리는 경우가 많다. 나는 아직 언니, 오빠들에 비하면 어림도 없지만 오히려 기초 301구에서 응용해서 나오는 문제들을 틀리는 경우는 없다.

엄마랑 은수랑 학원에 처음 다닐 때, 서로 '이어말하기'게임을 하면서 301구와 기초 독해에 나오는 문장들을 외운 게 참 도움이 된다. 처음에는 엄마가 제일 못 외워서 우리들에게 놀림을 받았는데….

나: 쿠아이 따오 팡지아.(곧 방학이야.)

은수: 워더 빠빠 라이 중궈. 워 페이 타 취 뤼싱.(우리 아빠가 중국에 오셔. 나는 아빠를 모시고 여행을 갈 참이야.)

엄마: 니, 니.

나, 은수: 니먼 시앙 취 션머 띠방?(너희들은 어디를 갈 생각이니?)

---

* HSK: 한어수평고사의 약자. 제1언어가 중국어가 아닌 사람의 중국어 능력을 평가하기 위해 만들어진 국가급 표준화고사. 1~9급까지 있다.

엄마 5점 마이너스. 나 플러스 30. 은수 플러스 10, 이렇게 외우기 게임을 해서, 월말이 되면 합산을 해서 1등은 꼴찌에게 무언가 원하는 것을 하게 했다. 나나 은수가 이겼을 때는 대개 엄마에게 컴퓨터 게임을 사달라고 했다. 어쩌다 엄마가 이기면 우리는 집안 청소 같은 걸 하고.

1. 학교 갔다 오면 간식 먹고 실컷 잔다(스트레스 해소).
2. 엄마, 아빠에게 푸념, 흉보기를 하면서 속에 맺힌 것을 푼다(스트레스 해소).
3. 왕따 친구를 친구로 만든다(약한 곳을 공략한다).
4. 친구의 친구와 친구가 된다(네트워크 확장).
5. 약점(중국어)을 보강하는 데만 애쓰지 말고, 주특기인 영어를 더 열심히 한다(강점 강화).

이런 예쁜 딸이 있다면 얼마나 행복할까. 아직 미혼인 나는 이런 생각을 해본다. 밝고, 명랑하고, 예의바르고, 동생들 잘 돌보고 거기다 공부까지 잘하는 딸. 콩 심은데 콩 나고, 팥 심은데 팥 난다고 은정이 엄마는 아이들을 중국에 와서 어떻게 키우고 있을까. 은정이 엄마는 중국에 와서 17개월짜리 늦둥이를 봤다. 중국에 온 지 3년. 사업하는 남편과 남매 둘 뒷바라지에도 정신이 없을 텐데 늦둥이를 낳을 만큼 정신적 여유를 가질 수 있었던 비결이 있었을까.

"부부가 함께 하는 시간이 많아졌기 때문이죠. 여기 생활이 우선 좀 단조롭죠. 중국에 처음 와서 아이들이 적응하기 전까지는 아빠가 칼 퇴근을 했어요. 아이들이랑 퍼즐하면서 놀고. 같이 모여 앉아서 책도 읽고. 데리고 나가서 탁구도 치고. 그러다 아이들이 중국생활이나 학교생활에 적응을 하고 자기들 나름의 시간을 갖기 시작하니까 저희는 저희들만의 시간이 생기기 시작한 거죠.

또 외국 생활이라는 게 기본적으로 부부가 둘이 엄청나게 많은 대화를 해야 돼요. 아이들 학교선택부터 적응문제 등 한국에서는 문제꺼리도 안 되는 것이 여기선 문제가 되기도 하는데, 도와줄 사람은 없으니까 결국 둘이서 모든 걸 해결해야 하거든요. 그리고 애들 아빠는 아빠대로 새로운 환경에서 사업을 해야 하는 스트레스가 있는데. 아무하고나 그런 얘기를 하기도 그렇고 하니까. 대화하면서 풀기도 하고 저도 안쓰럽고 그러니까 어떻게든 위로를 하려고 했구요. 그러다보니까 애정이 더 깊어진다고 할까요. 뭐 그러다보니까 늦둥이도 태어나고…. 호호호.

아이들은 글쎄, 저보다는 아빠 역할이 컸던 것 같아요. 처음에 왔을 때는 무언가 매일 저녁 이벤트를 만들었어요. 퍼즐, 탁구. 촛불놀이…. 그때는 늦둥이가 없었으니까 남자팀, 여자팀 해서 누가 더 많이 맞추나 시합도 하고 그러다 보니까 팀워크가 좋아졌어요.

저는 한국에 있을 때, 학부모 독서회 같은 모임에도 참여하고 그랬으니까 아이들하고 책 읽는 시간을 많이 가졌어요. 되도록 텔레비전 안 보고. 한국TV 보니까 자꾸 아이들도 한국 생각하는 것 같고 그래서 안 되겠더라고요. 그래서 책 읽고, 책 없으면 교회 다니는 분과 서로 바꿔보고 그랬죠. 일기 쓰게 하고, 같이 버스타고 시장 보러 다니고. 아빠가 영어, 영어 하니까 둘이 영어학원에 꾸준히 보내고. 아빠가 '중국어 잘하는 것보다 영어 잘하는 게 중요하다', '중국에서도 영어 잘해야 대우 받는다'

이러니까 아이들이 영어공부를 많이 했죠. 그리고 사실 중국은 한국보다 대학가기가 쉽거든요. 은정이나 은수나 어차피 유학생, 그것도 한국아이들끼리 경쟁해서 대학에 가니까. 내신 성적이 필요한 것도 아니고 북경대는 5과목, 청화대는 중국어만 보고. 중학교 때는 '영어, 수학만 열심히 해라' 이렇게 얘기했죠.

단 학교는 중국학교로 옮겼죠. 처음에는 국제학교에 다녔는데 오히려 거기서 약간 왕따를 당했어요. 애가 원래 활달해서 수업시간에 발표도 잘하고 선생님이 하시는 질문에 대답도 잘하니까 아이들이 잘난 체한다고…. 그래서 아예 중국학교로 옮겼죠. 은정이한테 그랬어요, 제가. "중학교는 연습이라고 생각해라." "힘들면 또 옮겨 줄 테니까." 여기는 그게 또 장점이더라구요. 처음엔 좀 힘들어하더니 금방 적응을 하더라구요. 물론 마음고생은 했겠죠. 그런데 고생도 해봐야 되는 거니까. 은정이 너는 혼자 온 아이들에 비하면 엄마, 아빠, 동생 다 있으니까 행복한 거다 그렇게 얘기를 했죠. 나중에 미국 유학도 간다면서 이 정도도 못 참으면 어떻게 하냐? 이러기도 하구요. 그래서 굳이 가정교사를 두고 그러지는 않았어요. 모르면 놔둬라. 니가 중국사람도 아닌데 사회나 국어를 그렇게 잘해서 뭐하겠나? 책 읽고, 말하고 그러면 됐지. 이렇게 안심을 시켰어요. 어학연수 오는 아이들은 중국 아이들하고 말하고 싶어서 난린데, 넌 주위가 전부 중국 사람이잖니. 이러면서요.

책 읽고, 같이 촛불놀이하고 그러는 건 아빠랑 같이 했으니까. 아빠가 오히려 저보다 애들한테 더 신경 써요. 원체 가정적이어서. 늦둥이가 태어난 게 은수한테 좋은 것 같아요. 막내고 중국에 오고 그러니까 엄마한테 기대고 그러더니 늦둥이가 태어나면서는 도리어 자기 할 일도 알아서 하구…."

1. 아이들을 즐겁게 한다(에듀테인먼트?^^).
2. 약점보다 강점을 개발시킨다(중국어 때문에 영어나 수학을 포기하지 않고 오히려 학원과 학습지를 계속하게 한다. 이렇게 함으로써 은정이는 중국어에 대한 스트레스를 잊으면서, 자기가 잘하는 과목을 꾸준히 공부하면서 페이스를 잃지 않았다).
3. 장기적으로 바라본다.

은정이 어머니는 자기는 하나도 한 일이 없다는 듯이, 하나도 힘든 게 없었다는 듯이 그동안 두 아이 공부시킨 얘기를 한다.

"별게 아닌 걸 가지고 뭘 그렇게 호들갑이야."
"그럴 수도 있지 뭘."
"그래, 그럼 우린 천천히 가자."

이런 느긋함과 태연함이 아이들을 중국 땅에서 성공적으로 키워가는 비결이 아닐까 싶다. 아이들도 이런 엄마의 태도를 보면서 느긋하게 자기 페이스대로 공부하고 적응하면서 스트레스 없는 학교생활을 한 모양이다. 애들이 수업 시간에 많이 자고 그런다는데, 은정이는 어땠냐는 질문에 은정이는 서슴없이 "저두 잤어요" 한다. 엄마는 그냥 웃고….

"우리 딸 학교 갔다 왔어?"
"응."
"공부 열심히 했어?"
"아니."

"왜?"

"하나도 못 알아듣겠어서."

"그럼 뭐 했어?"

"으응, 잤어!"

"잘 잤어?"

"응."

"그럼 오늘 저녁에 잠 안오겠네."

"그럴 걸."

"그럼 엄마 중국어 공부 좀 가르쳐 줄 테야?"

"뭐? 이것도 몰라?"

"미안해."

은정이 엄마는 이런 대화 방식으로 은정이에게 자신감을 찾아주고(아이들이란 자신보다 못하는 사람을 보면 자신도 모르게 우월감을 갖게 마련이다), 보기만 해도 신물이 나는 중국어 공부를 자연스럽게 하도록 만든 건 아닐까?

아이들에겐 내 안의 빛나는 1%를 믿어 준 사람이 필요하다.
– 제인 블루스턴 –

4K(RK, NK, CK, 그리고 또 다른 RK)의
커뮤니티를 만들어 간다

중국은 많은 사람들이 인생2막, 인생역전을 꿈꾸며 간다. 유학생들도 마찬가지다.

한국에선 이름도 잘 모르는 대학을 다녔던 학생들, 함께 공부한 친구들은 모두 특목고에 진학하고 혼자 일반계 고등학교에 진학하게 된 아이, 부모님의 이혼이 원인이 되어 유학 온 아이. 그러나 새로운 시작, 화려한 역전을 꿈꾸며 시작하는….

강대상 씨는 이런 인생 2막형 중국유학의 전형적 성공 사례다. 여수의 2년제 전문대학 전남과학대를 졸업한 뒤, 군대 갔다 와서 사촌 형님이 경영하는 건설회사의 현장에서 일하다 중국에 왔다. 그때가 10년 전. 이제 33세인 강대상 씨가 25세였고 막 한국과 중국

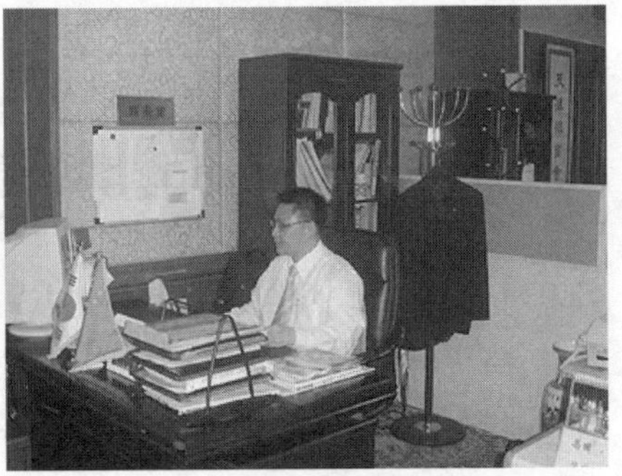

▶ 재중국 천진한국인회 사무국장 강대상

이 수교한 직후였다. 천진사범대 대외한어과를 졸업한 뒤, 천진의 유학생 취업 1호로 가발회사에서 직장생활을 시작해서, 독립해 개인회사를 운영하다가 2003년부터 한국인회 사무국장으로 근무하고 있다.

천진은 2500여 개의 한국 기업들이 진출해 있으며, 3만 명의 한국인들이 살고 있는 중국의 4대 도시 중의 하나다. 북경과는 기차로 1시간 정도이고, 유전과 항구가 있어 중국 동북부 지역 최대의 공업도시다. 북경이나 상해에 비해 물가가 싼데다, 남개중학, 신화중학 등 명문 중학교가 있어서 많은 조기유학생들이 천진을 거쳐 북경으로 가기도 한다.

내가 대상 씨를 만난 건 재중국한국인회에서 주관하는 대학생 인턴사원과정을 취재하는 과정에서다. 그런데 커피를 마시면서 잡담처럼 물어 본 얘기에 대한 대답이 걸작이었다.

유학이란 뭔가 배우고 알려고 오는 것인데, 유학생들이 입만 열면 '중국 사람은 더럽고, 게으르고 조선족은 다 도둑놈이고' 이런 소리만 한다는 것이다. 침을 뱉어서 싫고, 냄새가 나서 싫고…. 자기가 보이기엔 돈 들이고, 시간 들여서 더럽고, 냄새 나고, 게으른 것 보러 중국에 온 놈이 더 미친놈이란다. 그렇게 중국, 중국 놈이 싫어서 어떻게 중국전문가가 되려는지 모르겠단다. 대상 씨는 처음 중국에 와서 눈물이 다 났단다. 기뻐서. 이렇게 더럽고, 게으른 중국에서라면 자기같이 공부 못하는 사람도 똑똑하다는 소리를 들을 수 있을 것 같아서란다. 한국에서 전남에 있는 2년제 전문대학 나와서, 어디 가서 아는 척했단 미친놈 소리 듣기 십상인데, 여기 중국에서라면, 이 중국 사람들하고라면 경쟁에서 얼마든지 이길 수 있을 것 같은 자신이 생기더란다. 물론 벼는 익을수록 고개를 숙인다고 이제는 대상 씨의 생각이 많이 달라졌단다. 결코 누구도 만만치 않고, 무엇 하나 우습게 봐서는 망하기 십상인 곳이 중국으로.

나는 대상 씨를 통해서 '무슨무슨 회'라는 것에 대한 인식을 고쳤다. 으레 관변단체의 사무국장이나 그런 자리 비슷한 것이란 대충 회장이나 그 동네 유지들과 어찌어찌 된 연줄로, 가방 모찌 노릇이나 하면서 생계를 꾸려나가는, 한 마디로 요령은 좋고 일은 대충하는 인간형이란 선입견을 갖고 있었다. 그런데 이렇게 활동적이고 생각이 확실하면서도 젊은 사람이 사무국장을 하고 있다니. 나는 다시 한번 취재대상을 바꾼다. 한국인회가 주관한 대학생 인턴현황에서 대상 씨로.

중국! 나의 인생 1막2장 / 강대상

나는 어려서부터 공부보다는 친구들과 어울리는 것을 좋아했다. 친구 좋아하는 많은 놈들이 그렇듯 나 역시 좋은 대학에 들어가지 못했다. 아니, 시쳇말로 '핫빠리' 전문대학에 갔다. 졸업하곤 바로 군대를 갔는데, 알고 보니 난 군대 체질이었다. 하사관 생활을 했는데 절도, 규율, 통솔, 그리고 목표를 위해서라면 어려움을 참아내는 것, 이런 군대 생활이 난 너무도 좋았다.

어떤 사람들은 이런 나를 '이상한 놈'으로 취급하기도 하는데 어쨌든 나는 이런 종류의 일들을 내가 좋아하고, 잘할 수 있다는 것을 알았다. 그래서 제대를 하고 처음 들어간 곳이 사촌 형님이 경영하는 건축 설계 및 감리 회사였다. 현장을 지키며 공기에 따라 공사를 관리하는 일은 군대체질인 내게 그야말로 '딱'이었다. 정말 군가 그대로의 보람찬 직장생활의 나날을 보내던 나에게 생각지도 않은 일이 생겼다. 유학을 하겠다는 맘을 먹게 된 것이다. 공부하고는 담쌓았던 내가.

지금 생각해 보면, 그 동기가 분명하지는 않다. 출장을 왔던 연변에서 일을 끝내고, 짬을 내서 친구들이 유학을 하고 있는 천진까지 20시간이 넘게 기차를 타고 왔다. 지금은 20시간쯤 기차 타는 걸 아무렇지도 않게 생각하지만, 그때까지 기껏해야 서울까지 7~8시간의 고속버스를 탄 경험밖에 없던 나는 중국이 정말 큰 나라구나 하는 생각이 들었다.

더 기막힌 것은 이 넓은 땅덩어리에 사는 사람들이 너무도 미개해 보이는 것이었다. 뭐라도 할 수 있을 것 같았다. 세상은 넓고 할 일은 많다더니…. "하면 된다"는 군바리 정신과 그 동안 몸에 붙은 노가다 정신을 살려서 한번 뭔가 해보고 싶다는 생각이 들었다. 말만 된다면.

유학하고 있는 친구에게 상의를 한 뒤, 한국으로 국제전화를 걸었다. 사촌형이자 사장님에게 회살 그만두고, 중국에서 유학을 하겠다는 뜻을 전했다. 퇴직금을 정산해서 보내달라는 말과 함께. 그리곤 바로 천진사범대학 대외 한어과 연수과정에 등록을 했다. 하지만 문제는 돈이었다. 겨울 방학에 한국에 갈 수밖에 없었다. 우선 누나들과 여동생이 난리였다.

늦둥이 외아들이 아버님, 어머님 놔두고 유학이라니. 아버지, 어머니 생활비는 어떻게 할 거냐 등등. 내 학비문제는 말도 못 꺼냈다. 친구들도 난리다. 자동차 영업사원을 해도 전라남도 땅에서는 1등을 할 니가 뭐 하러 그러고 있느냐는 것. 돈은 벌 때 벌어야 한다는 게 자동차 영업사원 하면서 최고급 승용차를 타고 다니는 친구의 말이었다.

돌아갈 날짜가 되었다. 준비를 하는데 어머니가 돈을 내놓으신다. 100만원. 어떤 돈일까? 얼마나 오랫동안 모은 돈일까? 인천에서 배를 타고 중국으로 돌아왔다. 그 후로 결혼하기 전까지 귀국을 하지 않았다.

돈을 아끼기 위해서도 중국식으로 먹고, 중국식으로 생활했다. 터무니없이 비싼 등록금, 기숙사비 등을 개선하기 위해 내가 다니던 천진사범대학 유학생회와 천진유학생연합회를 만드는 데 참여했다. 일 벌이기 좋아하고, 사람 만나기 좋아하는 나는 유학생 회장을 하기도 했다. 그런데 유학생회 활동은 중국 교수님들과 개인적으로 관계를 맺는 계기를 만들어 주었다. 유학생의 처우개선을 위해 외사처 보직 교수님들을 만나다 보니 어느새 개인적인 관계로까지 발전하게 되었고, 이런 교수님들과의 관계는 한국인회에서 일을 하면서 귀중하게 쓰인다. 교민업무를 처리하다 보면 접촉할 수밖에 없는 천진시정부나 교육위원회, 중국공안(경찰)의 학교동문들을 교수님들을 통해서 소개받을 수가 있었는데, 유학생 출신이 사무국장이 되어서 일처리가 빨라졌다는 소릴 듣기도 한다.

한편, 생활비를 벌기 위해서 친구들을 모아 국내 여행사의 대리점이나 지사개설 작업을 돕는 아르바이트를 했다. 가이드 활동은 또 다른 중국알기의 공부였다. 이런 지식은 현지에서 사업체를 꾸리시는 사장님들의 통역 일을 하면서도 유용했는데, 대화 도중에 중국의 문화나 역사에 대해서 아는 척을 하면 중국 사람들의 태도가 달라졌다. 중국 사람들은 자존심이 세다. 오죽하면 가운데 중(中), 중국(中國)이겠는가. 나는 중국인을 무시하는 것보다는 칭찬하는 게 중국전문가가 되는 길이라고 생각한다. 알아야 면장을 한다고 칭찬을 하려면 중국을 알아야 한다.

나는 사실 천진사범대학에 다닐 때도 성적이 좋은 건 아니었다. 졸업도 간신히 했다. 한편으로 학비를 벌랴, 한편으로 유학생회 활동을 하랴 정말 바쁘게 보냈기 때문이다. 그러나 나는 중국전문가가 되는 것이 책 속에만 있다고 생각하지는 않는다. 많은 중국인 친구를 만드는 것도, 중국 각지를 돌아다니는 것도 중국전문가가 되는 길이라고 생각한다.

대상 씨는 중국에서 사업을 하는 교민들을 대상으로 일을 하다 보니 내가 만난 그 누구보다도 민족, 국가에 대한 생각이 남달랐다. 하긴 애국이 존재의 이유인 군대가 체질이었으니 애국심도 체질이 됐을지 싶다. 대상 씨는 한국동포들(RK)뿐 아니라 중국 땅의 조선족 동포(CK), 러시아의 한인 동포들(RK) 그리고 북한 사람들(NK)을 전부 묶어낸 커다란 한인 커뮤니티를 만들 수 있는 중심지역이 중국, 그것도 동북부의 중심인 천진이라고 생각한다.

이 4개의 K가 한 덩어리로 묶일 때, 고구려의 옛 땅이 경제·문화적으로는 한민족의 영역이 될 수가 있다고 강조한다. 항상 어떻게 하면, 이들과의 유대를 강화해 나갈 수 있을까를 생각하는 대상 씨. 그래서 천진의 조선족 학교에 한국인회에서 재정지원을 하도록 건의했고, 누구보다도 한국 유학생들의 중국 현지 진출 기업의 취업지원에 열성적이다. 조선족, 중국 등을 현지에서 체험한 유학생들이 귀국을 하지 않고, 중국에서 자리를 잡는 것이 한국의 영향력을 중국에서 확대해 나가는 길이라고 생각하기 때문이란다.

○ 대상 씨의 성공포인트

1. 자신의 장점을 십분 활용했다.

   대상 씨는 사람사귀기 좋아하는 것을 중국에서도 열심이었다. 이것이 그야말로 '꽌시(관계)'를 맺게 되는 계기가 되었다.

2. '군바리 체질 + 노가다 정신'으로 밀고 나갔다.

   절도 있는 행동, '하면 된다'는 도전정신, 부사관 생활에서 익힌 솔선수범은 중국에서 사업체를 운영하는 분들의 호감을 살 수가 있었다.

3. 중국어만은 확실히 잡는다.

   괜히 폼 잡고 어려운 경제학이나 중문을 전공하지 않고, 공부 좀 한다는 사람들은 그것도 유학이냐고 깔보는 대외한어과에서 괘념치 않고, 회화를 집중적으로 공부하고 여행사를 운영하면서 중국을 두루두루 알아놓았다.

"좌절은 없다" 북대생이 된 달림이 vs
"엄마에서 선생님까지 1인 2역" 달림이 엄마

내가 달림이 엄마 최성남 씨와 인연을 맺게 된 건 북경에서 열렸던 학부모 자원봉사회가 주최한 유학생 학부모와 중국 중·고등학교 교장선생님과의 토론회에서였다. 달림이 엄마 최성남 씨는 학부모자원봉사회 회장으로 다른 어머니들과 몇 달 동안에 걸쳐서 이 모임을 준비한 참이었다.

최성남 씨는 중국서 활동하는 다른 모임들의 회장님과는 달리 중국에서 사업을 목적으로 이주한 분이 아니라 딸아이의 유학을 위해서 딸과 함께 중국에 체류하는 경우였다. 뿐만 아니라 대만에서 중문학 석사를 하고 방송통신대학교에서 중문학 강의를 하고 있기도 해서 교육자의 입장, 부모의 입장, 중국전문가의 입장에서 중국조기유학에 대

▶ 최성남, 이달림 모녀

한 얘기를 들을 수가 있었다. 마침 딸 아이, 달림이는 북경대 국제관계학과에 합격한 상태.

대학생이 되어 당당히 귀국한 달림이와의 한국에서의 파워 인터뷰(?)에 이어 달림이가 보내 준 "나의 중국 유학기"를 보면서 나는 울었다. 얼마나 힘들었을까. 이제는 지나가 버린 일이 되어 담담하게, 때로는 재미있게 써서 보내준 구절구절을 들여다보며 어린아이가(?) 겪었을 마음 고생을 생각하고, 나는 울었던 것이다. 두 모녀의 이야길 들어 보자. 이들은 어떻게 북경대 합격에 성공했는지.

1 스타트

2001년 8월. 중3이었던 내가 가장 처음으로 중국유학에 관한 소식을 접한 시기가 이때였다고 생각한다. 그러나 그저 '중국유학을 하는 조기유학생들이 늘어나고 있다더라'라는 극히 일반적인 소리를 듣기만 했을 뿐 귓등으로 흘리고 말았던 이 정보를 다시금 자세히 보게 된 건 그 해의 12월이었다.

지망했던 외국어고등학교 입시에서 고배를 마시고, 그저 담담히 다니던 중학교와 같은 재단의 고등학교 진학을 생각하고 있던 내게 엄마는 중국유학이란 걸 제안하셨다. 마음에 와닿는 느낌은 아니었지만 십 년이나 터울이 지는 언니의 유학 강력추천, 한국에 그냥 3년을 있을 바에는 중국어라는 무기를 하나 더 가질 수 있겠다는 조금은 무모한 그런 생각을 갖고 나는 중국유학을 결심하게 되었다. 그렇게 나는 한국의 고교생활과 안녕을 하고 2002년 3월 중국행 비행기에 몸을 실었다. 새로운 세계와 미래를 향해.

－ 황당한 학교

북경에 도착하자마자 곧바로 내가 다니게 될 학교에 찾아갔다. 6개월간 어학연수를 받고 9월 신학기에 정식 고등학생으로 다닐 학교였다. "중국학교이지만 국제부가 따로 설립되어 있다"는 말만 듣고 갔던 그 학교는 예상외로 내게는 큰 실망이었다. 학교 자체는 꽤 아담한 크기였지만 정작 국제부라고 불리던 것은 한국인 유학생만을 모아놓은 반이었고, 신입생들의 교실은 아직 확보되지 않아서 결국 창고를 대충 닦고 칠판을 달고 책상을 놓은 곳이 바로 우리의 교실이었다. 엄청 훌륭한 시설을 기대하고 가진 않았지만 그래도 창고였던 곳에서 벌벌 떨며 공부를 해야 한다는 사실에 배신감을 감출 수 없었다. 엄마도 교실을 보시곤 "아차" 하셨다지만 그래도 시설이 중요한 게 아니니까라는 낙천적인 생각을 가지고 엄마도 나도 중국 생활의 첫 페이지를 나름대로 시작하고 있었다.

－자신감 뒤의 지겨움

친구를 사귀고 병음을 배우고 단어 하나하나를 익혀 가며 학교생활의 처음은 확실히 순조로웠다. 역시 나만 열심히 하면 되겠구나라는 생각을 갖고 있었지만 대략 두 달 후 쯤 나는 슬슬 중국생활이 지겨워지기 시작했다. 가장 큰 문제는 진보 없어 보이는 나의 중국어 실력(덕분에 방과 후, 학원수업까지 다시 들어야 했다), 몇몇 유학생들의 방황하는 모습, 거리의 지저분한 모습에 대한 실망, 끔찍한 만원버스에서 만난 소매치기, 마침 일어난 PC방 방화사건으로 금지된 PC방 출입(나에겐 인터넷 사용금지와 같았다). 나의 중국생활 첫 장은 희망찼던 기대와는 달리 점점 암울해지고만 있었다.

2 전학과 고교 입학

그렇게 한 학기를 대략 끝내갈 무렵(월드컵의 물결이 한국을 쓸고 지나갈 무렵), 엄마는 다음 학기의 내 학교를 알아보시느라 바쁘셨다. 국제부가 아닌 중국인반 차반(편입)이 목표였다.

- 3가지 길 가운데 서서

마지막에 결국 추려진 길은 대략 세 가지 정도였는데, 첫 번째는 지금 다니는 학교의 국제부가 아닌 중국인 반에 들어가 공부하는 것, 두 번째는 북사대 이부중에 들어가는 방법, 세 번째는 북사대 이부중에 들어가지 못하면 집 근처의 지질대 부속 중학(고등학교임)이라도 들어가는 방법이었다.

첫 번째 길은 학교에서 확답을 주지 않았다. 학교측은 내 중국어 실력이 아직 모자라기 때문에 국제부에 좀더 있어야 한다고 주장했다. 사실 할 말은 없었다. 능력이 안 되므로 넣어 줄 수 없다고 하니까…. 하지만 억울했다. 중국아이들과 어떻게든 부대끼며 배우다 보면 훨씬 빨리 늘 수 있을 게 중국어라고 생각했다. 그래서 난 더 국제부에 다니길 원치 않는 거였잖은가!

두 번째 북사대 이부중에는 원서를 넣어 두었다. 국제부가 존재하지 않는 학교였다. 학교 시설도 매우 훌륭했고, 중국아이들도 중학교 졸업시 보는 시험이 어느 정도의 점수를 통과해야만 입학할 수 있는 학교였다. 썩 마음에 들었다. 그래서인지 그 학교에는 한국학생 지원자가 많고 소수만 받기 때문에 심사를 기다려야 했다. 간이 면접을 보고, 학교에서는 중학교 때의 성적표와 어학 연수반에서의 성적표 그리고 HSK 증서를 요구했다. 앞의 두 성적표는 별로 큰 문제가 없었지만 역시나 걸리는 건 중국어 실력이었다. HSK 시험을 한 번도 보지 않았던 나는 7월달 시험을 보기로 하고 원서를 접수했다. 심사를 기다리면서 세 번째로 찾아가 본 곳이 지질대학 부속중학이었다. 학교 위치는 가장 집과 가까웠다. 그러나 그곳도 한국학생에 관한 이미지가 안 좋은 건지, 까다롭게 굴고 직접 교장과의 대면이 필요했다. 교감과의 대면만 하고 교장과 약속을 잡아 보겠다는 참 분명치 않은 회답을 듣고 집으로 돌아와야 했다.

그렇게 여름방학이 다가왔다. 큰 부담을 갖고 HSK 시험장에 찾아가야 할 7월이 온 것이다. 나름대로 준비한다고 해서 본 시험인데, 시험장에서 돌아오는 발걸음은 갈 때보다 더 무거웠다. 한 학기 동안 내가 과연 뭘 한 것인지, 정말 시험지에는 알아보지 못한 말이 더 많았다. 시험 보는 속도는 남들보다 훨씬 빨랐다. 정말. 다 찍었으니까. 집에 돌아오는 길엔 정말 울고 싶었다. 결국, 급체하고 말았다. 그렇게 결과를 기다리며 동시에 비자문제해결을 위해 잠시 동안의 한국행을 준비하며 보냈던 7월 그 보름정도의 시간이 그렇게 길게 느껴질 수 없었다.

– 북사대 부중으로부터의 전화

그러나 다행히 시험도 보기 전에, 북사대 이부중에서 전화가
왔다. 면접 때 만났던 선생님의 목소리였다. 하필이면 엄마가 안
계실 때 내가 받게 된 전화였다. 더듬더듬 알아들은 바로는 학교
에 입학시켜 주겠다는 얘기였다. 고맙단 말이 절로 나왔다. 그러
다 본격적으로 서류제출에 관한 이야기를 할 때 내가 또 못 알아
듣고 헤메자 선생님은 걱정스럽게 '너 학교 생활은 괜찮겠니?'라
고 했지만 그 대답으로 '수업할 땐 문제없습니다!!!' 우렁차게 대
답해 선생님은 그저 웃으시고, 엄마가 오실 때쯤 다시 전화를 주
겠다는 말을 남겼다. 그렇게 중국학교 입학이 정해지고 잠시 동안
의 한국행을 마치고 돌아오자, 그 다음 날이 입학식이었다.

일요일에 거행된 입학식. 어학연수 때부터 알던 친구와 함
께 입학하게 되었다. 두근대는 맘으로 정말 열심히 해보겠다는
맘을 갖고, 배정된 반을 찾아가 담임선생님께 인사하고 선생님
이 즉석에서 준비해 주신 교복 흰티를 걸치고 중국아이들 사이
에서의 생활을 시작했다. 결국 입학식 날 과도한 긴장으로 몸살
을 앓긴 했지만.

3_ 고등학교 생활의 시작

고등학교 생활의 시작을 회상해 보면, 처음 들어간 중국아
이들 사이에서 나름대로 함께 앉은 짝과 통성명을 하는 걸로 한
걸음 다가갔다. 그러나 과목수업을 듣는 건 역시 만만한 일이
아니었다. 정말, 수학, 영어를 제외한 과목은 한 마디도 못 알아

들겠는 게 문제였다. 외계인이다, 외계인.

　그나마 알아듣는 영어수업, 도저히 내가 어느 정도인지를 모르겠다. 매 시험마다 듣기 시험을 보는 것도 그렇고 작문까지 시험을? 한국과는 많이 다른 모습이다. 그래도 듣기는 쉽게 푼다. 문법은 여기서도 어렵다. 영어책을 정해 놓고 일주일에 한 번씩 1과를 외워 말하게 한다. 당황스럽다. 처음에는 뭘 시험 보는지도 몰랐다. 그러다 모모모책을 사라는 짝의 이야기를 듣고 하교길에 나도 한번 사봤다. 가끔씩 열심히 외워서 검사를 받아도 본다. 거참 신기하다. 수학, 중학교 때 배웠던 부분이 나온다. 자신 있게 풀었는데 점수는 왜 이러지, 굉장히 못본 점수다(나중에 알고 보니 풀이과정이 달랐다). 기호도 좀 다르게 생겼고, ‘이상하다’ 하고 있을 때 다음 단원이 시작되었다. 복잡하게 들어가는 순간 수학과목도 외계로 빨려 들어갔다.

　－ 2학년 그리고 또 다른 기회

　워낙 한국에서부터 이과과목보다는 문과과목을 좋아하기도 했던 나는 문과반을 선택했다. 중국의 학생들은 우리나라와는 달리 이과를 선택하는 학생들이 훨씬 많다. 그래서 반 형성 형식이 각 반에서 문과를 선택한 학생들을 모아 새로운 반을 만드는 형식이다. 정든 반을 떠난다는 아쉬움이 있지만 오히려 이제 좀더 적극적인 모습으로 새 친구들을 만나고 만들 수 있다는 장점이 있다. 고2가 되면서 두 가지 각오를 새로이 했다. 이곳에서는 더 이상 타국인 학생이 아닌 같은 반 同學(동학)의 모습을 갖춰야지라는 각오. 두 번째는 학업에 관한 것이다. 모든 과목을 완벽히 따라가긴 힘들지만 적어도 수학과 영어만큼은 바보가 되지 않겠다는 것.

─ 지거와 부지거

뭐 말로야 당장 열심히 하려고 과외선생님 도움도 받고 했다고 하지만 그렇다고 내 실력이 바로 올라갔느냐, 그건 절대 아니다. 중국의 시험지는 보통 100점 만점에 60점이 합격선이다. 60점이 넘지 못하면 '부지거'라고 해서 결국 낙제 점수인 것이다. 잘하는 학생들은 대다수 75점 이상이고 보통은 60에서 75사이. 그리고 60점 아래가 있는 것이다. 2학년이 되고나서 처음 수학공부를 좀 했다고 생각하고 나서 봤던 첫 시험. 난 그 점수를 아직도 잊지 못한다. 정말 스스로 패배자의 느낌을 받은 점수였다. 27점(객관식 많은 시험에서 잘 찍으면 나오는 점수다). 이런 형편없는 점수를 받고 너무 속으로 화가 났지만 어쩔 수 없었다. 1년 반을 놀았는걸. "포기는 없다"는 맘으로 위로하는 수밖에. 수학점수가 오르는 날은 나에게 꽤 만족한 날로 변했고 또 시험을 못보는 날은 또다시 실망하고 이런 날의 반복이었다. 그러던 차, 수학점수가 결코 내가 반에서 꼴찌는 아닌 점수가 되고 그것에 기뻐하며 수학에 조금은 재미를 붙여 가던 시간이 2학년 때부터 3학년 1학기까지의 시간이었다.

─ 好(호)마크와 수학선생님

2학년이 되고 참석하게 된 수학시간. 매 시간마다 내주는 숙제를 바로 바로 검사해 안 해온 아이들은 혼쭐나기 일쑤였다. 초반에 한두 차례 어려워서 그냥 갔더니 결국 내 이름도 빠지지 않고 호명되었다. 그리고 한 마디 덧붙이시는 선생님 왈: "한번만 더 안 해오면, 더 이상 너에게 관심을 보이지 않겠다."

그 말만큼 무서웠던 말이 없었다. 결국 그 다음번 숙제를 과외선생님의 도움을 받아 정말 열심히 해갔다. 그러자 그 다음 시간에 바로 숙제 노트에 적혀진 好(호) 마크와 칭찬. 아마 잊을 수 없을 거다(물론 그 후로도 계속 충실한 학생이었던 건 아니다. 선생님께 내가 좋은 인상을 준 학생이었는지는 모르지만). 지금도 그 선생님을 인자하고 편하게 해주셨던 선생님으로 기억할 순 없고 오히려 깐깐하고 무서운 선생님으로 기억하지만 여전히 마음속으로는 감사드리는 선생님 중에 한 분이 바로 그때 만난 수학선생님이다.

— 영어가 없었더라면…

영어는 수학에 비하면 그래도 점수가 괜찮은 편이었다. 워낙 영어 듣기시험에는 나름대로 자신이 있었고 문법과 작문이 약한 편이었지만 독해는 좋아했으니까. 영어는 그야말로 꾸준함을 요하는 과목이었다. 수학만큼 점수 오르내림이 눈에 확 보이진 않았지만. 대신 수업시간 참여를 열심히 하려 애썼고 재밌게 하려고 노력했다. 그래서일까 영어시간은 미술, 회의, 체육시간 다음으로 가장 부담 없이 즐거이 참여했던 시간이었다.

— 음, 다른 과목은요!

다른 학과목 시간은 과목마다 편차가 컸다. 솔직히 말하면 몇 과목은 마지막까지도 외계인 강의를 듣는 것처럼 흘려보내기도 했다(화학, 물리, 정치…). 대신 인문계열의 어문, 지리, 역사

과목은 수업을 듣고 숙제 등은 해가려고 노력했다. 암기과목을 잘하진 못했지만 그래도 흐름을 잃지 않으려고 노력한 것이 나중 입시공부에 적잖은 도움을 주었다.

문과반에서 만난 친구들은 뭐랄까. 1학년 때의 친구들보다는 개성 있고 활기찬 친구들이 많았다. 반 분위기 자체가 더 활기차졌다고 할까. 게다가 고2때 있었던 학교의 예술제, 소풍 등으로 친구들과의 관계는 더 좋아졌다. 함께 준비하고 확인하고 등등의 행사로 나름대로의 유대감이 생겼고 그 사이 좋아진 내 중국어 실력도 한몫 했다. 2학년을 마무리하면서 얻은 것은 즐거운 우리반 생활. 중국 학생들이 보는 후이카오*(졸업고사) 시험 중에 연습 삼아 응시했던 수학, 영어를 합격점보다 높은 점수를 받은 것이었다. 그리고 고2의 시간이 지나갔다.

4_ 수험생활

고3이 되었다. 2학년 때부터 걱정해 오던 입시가 성큼 다가왔다. 반의 분위기도 달라졌다. 우리 모두 수험생이 된 것이다. 동아시아 국가의 특성일까? 중국 역시 한국 못지않게 입시경쟁이 치열하다. 학교에서는 엄격한 감독 아래 야간자율학습이 생

---

* 후이카오(會考): 중국아이들 입장에서 졸업을 위해 고교3년 동안 각 과목마다 최소한 이수치를 정하여 보는 시험이다. 각 학교마다 학년별로 보는 과목이 조금씩 다르지만 우리 학교는 일학년 때 역사, 지리, 컴퓨터. 이학년 때 수학, 영어, 정치, 생물, 물리, 화학. 삼학년 때 어문, 체육을 본다. 모든 과목이 합격 이상이 되어야 중국아이들은 졸업이 가능하다. 그렇게 어려운 수준의 시험은 아니지만 과목마다 선택해서 볼 수 있고 외국인의 응시는 자유라고 한다. 하지만 최근 많은 학교의 한국학생들도 똑같이 도전해 좋은 성적을 거두고 있다.

겨났으며(지원자만 참여함), 매일 수업이 끝나고 진행되는 시험도
칼같이 이루어졌다. 월마다 보는 월말고사도 나름대로 중요한
모의시험으로 바뀌었다.

　－ 북대(北大)로

　　반친구들에게서 입시 분위기를 몸으로 체감함과 동시에 북
경대를 목표로 하는 나의 입시생활도 시작되었다. 북대에서 요
구하는 과목은 다섯 과목으로 어문(국어), 수학, 영어, 역사, 중
국개황(중국지리와 중국문화 지식이 포함된 책)이었다. 1학기 때
는 방과 후 단과학원을 찾았다. 우선은 어문이 시급했다. 다른
과목은 현재 학교에서 배우는 것과 차이가 크게 나지 않지만 외
국인의 수준에서 어문과목은 특수 대상이 될 수밖에 없었다.

　－ 입시학원으로

　　그렇게 꾸준히 한 학기를 마쳐 갈 무렵까지도 2학기의 행로
를 어떻게 할 것인가에 대해서는 계속 고민했었다. 학교에 남아
서 계속 공부할 것인가? 아니면 학원의 종합반을 등록해 다닐
것인가? 누가 들으면 당연히 학교를 다녀야 하지 않겠냐고 하겠
지만 내게 있어서 학원은 공부하는 곳 이외에도 매년마다 죽끓
듯이 변하는 입시 정보를 얻을 수 있고 나름대로 경쟁자들을 파
악할 수 있는 정보의 장이었다.

　　게다가 우리 학교의 장점인 국제부가 없다는 현실은 고3인
나에게 조금은 아쉬운 점도 되었다. 외국인 대상으로 시험을 대
비해 줄 여력이 학교에는 없던 것이다. 시험 볼 범위가 다르고

(특히 암기과목), 수준이 다르고, 촉박한 시간이 나를 더욱더 불안하게 만들었던 것이다. 그래서 학원을 생각해 보았지만 그것도 편한 일만은 아니었다.

첫째로 이미 학비도 비싼데 또 적잖은 학원비까지 이중으로 지출되는 경비가 우리집 입장에서는 꽤 부담스러웠다. 괜시리 엄마께 죄송했다.

둘째는 같은 반 아이들과 잠시나마 헤어지게 되는 것이다. 고3의 1학기 동안 학교에서 생활하는 것이 고됐지만 반친구들과 함께하는 시간이 늘어나면서 더욱더 즐거워지던 시기였기 때문에 아쉬움은 더 컸다.

결국 나중에 내린 결정은 어찌되었든 대학시험 준비를 할 수 있는 데까지는 모두 해보고 싶었다. 학원 쪽으로 생각이 치우쳐졌고 이런 저런 생각을 정리해서 엄마께 말씀 드렸다. 엄마도 곰곰이 생각해 보시더니 학교를 한번 찾아가 보겠다고 하셨다. 엄마는 학교 선생님들에게 현재 우리 상황을 말하고 애들이 학교를 무척이나 좋아하지만 대학 입시 준비를 하는 입장에서 걱정이 된다는 식으로 이야기를 하셨다고 한다. 학교에서는 따로 준비해 주지 못해서 미안하다는 말과 대신 학비를 조정해 보겠다고 했다. 예상 외의 큰 수확을 얻고 겨울방학이 시작되는 그 날, 바로 학원 2학기 수업에 출석하기 시작했다.

– 학과 선택

학원에 들어오자마자 가장 먼저 해야 했던 것은 학과 선택이다. 물론 고1 때부터 고민해 오던 문제이기도 하다. 애초에 엄마가 목표했고, 중국에 왔으니 중문과에 가는 게 가장 좋을까? 아니면 다른 무슨 과들이 북대에 있나? 간략한 과소개를 읽으면서 이것저것 고민하던 중 국제관계학부가 눈에 들어왔다. 그전까지는 그저 보고 넘기던 외교학, 국제정치학이라는 과목들이 새로 보이기 시작했다. 내 취향과 성격과 미래를 고려하여 나는 기꺼이 국제관계학부를 지원하였다. 많은 사람들을 만나보고 싶고 그들의 이야기를 들어보고 싶었다. 그렇게 과선택이 끝났다. 이제 목표를 향해 달리는 일만 남은 것이다.

학원에 다니기 시작하면서 내가 가장 먼저 느낀 점은 중국의 한국유학생들, 결코 그들의 실력을 얕봐서는 안 된다는 사실이었다. 나름대로 중국학교를 다녔고, 비교적 안정적으로 학교생활을 했으므로 약간의 자만심이라고 할까, '내 정도만 되어도…' 라는 안이한 생각을 가지고 들어간 학원에서 난 너무나 많은 똑똑한 사람들을 만나게 되었다. 그야말로 학원에서 만난 그 사람들 때문에 오히려 더 정신 차리고 공부에 집중하게 되었다. 정말 오랜만에 밤샘까지도 도전하며 공부란 것을 해본 것 같다.

그렇게 북대 시험이 끝나고 예정된 날짜보다 빨리 성적과 합격자 발표가 나오고, 그렇게 얼떨결에 합격통지서를 받게 되었다. 시험 결과는 당연히 내가 세운 목표를 이루었다는 점에서 너무나 기뻤고, 시험 성적에 대해서는 역시 가장 즐겁게 공부했던 어문이 가장 만족스러웠다. 고등학생이 되면서 중국에 왔고 중국에 있으면서 성년이 되었고 대학생이 된다. 이제 입학을 앞두고 새로운 각오를 가져 본다. 반듯한 한국인으로 국제무대에 설 준비를 단단히 하겠다고.

아이와 함께 유학하기 / 최성남

3년 전 그때(2002년 3월) 아이와 함께 중국에 오지 않고 그냥 한국에 있었더라면 지금 우리는 어찌 되었을까?

"숲으로 난 두 갈래 길 중 사람들이 덜 밟은 길을 택하였고 그
 것이 인생을 바꾸어 놓았다."

뒤돌아보며 프루스트의 "가지 않은 길"이 문득 궁금해진다. 아이 중학 졸업 후 두 갈래 길 앞에서 한참이나 머뭇거리며 망설이던 기억이 새롭다.

중국조기유학이라는 모험을 할 것인가 말 것인가.
잃을 것은 무엇이며 얻을 것은 무엇인가 손익 득실을 저울질하다가 지엽적인 것은 차차 해결하기로 하고 큰 줄기만 생각하기로 했다.

국내의 과열 과외에 부대낄 자신도 없고 확실한 소득도 보장 받을 수 없을 바엔 좀더 넓은 세계에 가서 확실한 소득(중국어)을 기대해 보자였다.

기본원칙이 서자 아이 설득 작업에 들어갔다. 외고 입시에 실패하고 실의에 빠진 아이에게 새로운 희망이었다. 그러나 한편으론 정든 친구들을 떠나기가 두려운 아이가 자발적으로 선택하도록 인내심을 갖고 기다렸다. 큰딸도 간접 지원을 했다. 2월 막바지에서 드디어 본인이 결정을 하고 가겠다고 했을 때는 시간이 무척 촉박했다. 나는 아이를 붙잡고 다시 한 번 다짐을 했다. 무엇을 위해 가는지 우리가 어떤 희생을 감수해야 하는지를.

그에 앞서 2001년 8월에 북경을 1차 답사했다. 그때만 해도 아이 유학은 사실 먼 미래였다.
외고를 졸업시켜서 대학을 북경으로 유학을 시킬 계획이었으니까. 와서 북경의 여러 대학만 답사를 했었다. 그랬던 것이 갑자기 조기 유학으로 방향이 바뀌자 내가 조기유학에 대해서 너무 무지하다는 사실을 실감, 허둥대며 유학원의 조언에 100% 기대어 조금 늦은 3월 초 한국의 고교에는 휴학원을 내고 북경행 비행기를 탔다. 유학원에서 구해준 집에 짐을 풀고 학기가 이미 시작되었다는 강박관념에 유학원에서 소개해준 고등학교를 찾아가 무조건 시키는 대로 접수를 하고 학비를 내고 수속을 마쳤다.

— 중·고 국제반이란…

설명을 들을 때엔 외국 학생을 위한 시설과 커리큘럼으로 운영하는 훌륭하고 질 좋은 수업인 줄 알았더니 본교사 건물과는 동떨어진 창고라니!

　그 안의 나이도 키도 각각인 몇십 명의 한국 아이들.

　처음 며칠은 낯선 환경에 적응하느라(말이 안 통하는 아이를 버스 태워 길을 익히랴, 밥을 먹이랴 친구 만들어 주랴) 정신없이 지나갔는데, 정신이 들고 보니 이게 유학이라고? 어처구니없다는 생각이 고개를 쳐들었다.

　— 수영을 가르치려면 물속에 빠뜨려라

　중국어를 전혀 모르던 아이가 매일 매일 한 마디씩 어휘를 늘려가며 기본적으로 인사하기, 물건 사기, 길을 묻기, 택시 타기 등을 스스로 해가며 적극적으로 적응해 가는 모습을 보며 일단은 잘 한 선택이었다고 긴장을 풀었다. 그러나 바쁘던 첫 한 달이 지날 무렵 다소 정신을 차리고 되돌아보니 조급한 학교 선택이 썩 잘된 것 같지가 않았다. 정식 고등학교 과정을 이렇게 국제학교에서 보낼 수는 없겠다는 생각이었다. 차근차근 여기저기 만나는 사람마다 이곳 학교 사정을 탐색하기 시작했다. 이름난 몇 학교는 기부금과 고액 학비가 영 탐탁지 않았다. 이곳의 명문 고등학교가 아이에게도 반드시 유리하다고도 생각되지 않았다. 처음 생각은 지금 다니는 학교의 중국인 반에 끼어들 수 있다면 바람직하겠다는 생각에 학교장을 찾아갔다.

　그러나 번번이 학교장은 출장 중이고 어렵게 한번 만난 교장은 기초 언어가 불충분하면 곤란하다는 식으로 회피하다가 개학 전에 시험을 봐서 결정하겠노라는 애매한 대답을 했다. 십중팔구 국제부에 발 묶일 것이 뻔했다.

그럴 수는 없지. 어디 국제부 아닌 한국인 수용학교가 없을까. 있었다. 북경사대이부중. 최초로 외국학생 입학 비준을 받은 학교이고 다수의 미국인과 약간의 한국 학생을 받아들인다고 하니 바로 "여기다!" 하는 생각이 들었다. 그때가 오월 중순. 그날로 학교를 찾아갔다. 집에서 교통도 편리할 뿐만 아니라 바로 도로변에 학교가 있어 버스에서 내려 걸을 필요도 없었다.

학교시설과 건물도 썩 마음에 들었다. 아담하고 정갈하며 품위가 있었다. 외사처의 담당 교사를 만나 단도직입적으로 용건을 말하였다. 담당 교사는 중학교 성적과 일단 5급 이상의 증서를 요구했다. 이제 온 지 두 달 남짓, 아직 시험도 한번 안 보았는데 무슨 증서가 있겠는가. 서두르지 않으면서 성의를 보이기로 했다. 할 수 있는 모든 서류를 공증 받고 현재의 국제부 성적 증명도 얻고 해서 오월 말경 다시 찾아간 학교에서 아이의 교육 목적과 중국 오기까지의 내력을 나름대로 열심히 설명하고 7월 HSK 시험을 보아 5급을 받아 오겠노라고 약속을 했다. 그리고 학교가 썩 마음에 드니 꼭 입학을 했으면 좋겠다고 억지도 좀 부렸다.

학생을 한번 데려 와서 간단한 면접시험을 보자는 담당자의 말을 듣고 '이제 반은 되었구나' 하고 2주일 내내 연락이 오길 기다리며 시간을 보냈다. 6월 중순에 접어들 무렵 드디어 면접 보러 오라는 통지를 받고 아이를 데리고 갔더니 대뜸 아이에게 중국어로 질문을 퍼부었다. 그리고 교재를 하나 내밀며 읽어 보라고 했다. 아이가 더듬거리며 한 페이지를 읽었다. 옆에서 듣는 나도 조마조마했다. 앞으로 중국어만큼은 내가 책임지고 가르치겠노라고 자신감을 표현했다. 담당자가 학교에 대해서 설명했다.

현재 십여 개 학급에 외국인을 학급당 한 명씩만 받을 수 있기 때문에 극히 제한되어 있고 또 요구하는 수준에 미흡하면 학생을 아예 안 받을 수도 있다고.

어쨌건 이제는 처분만 기다리는 수밖에. 한 달 후 7월 초에 연락을 주겠다고 하였다. 2002년 월드컵의 열기가 온 북경에 한국 열풍을 몰고 오던 그 와중, 나는 아이를 데리고 이 학교 저 학교 헤매고 있었다.

문제는 '만약 안 되면 어떡하나?'였다. 어느 학교도 확답을 주지 않으니 답답했다. 제3의 학교를 또 준비해야 했다. 당시 생각에 차반(중국인 반에 끼워 넣기)만 되면 어디라도 괜찮을 것 같아 집 근처의 학교를 물색하다가 근처 모대 부중을 또 찾아갔다. 이 학교도 교장 만나기가 하늘의 별 따기 같다고나 할까. 두어 번 헛걸음하고 나니 그만 더 이상 얘기하기도 싫어졌다. 학교도 뭐 좀 어설프게 느껴졌고. 이도 저도 안 되면 비싼 학교에라도 보내야 되나 그러고 있었다.

6월도 훌쩍 지나고 7월로 접어들었다. 비자 만기도 되어 가고 학교는 아직 결정되지 않고…. 물론 9월 전에만 학교를 찾으면 되겠지만 학교가 결정되고 한국을 들어가야 홀가분할 것 같았다. 한국행 비행기표(7월 15일)를 사고 이사할 집도 물색하러 다니느라 분주하던 날, 집에 오니 북경사대 이부중에서 연락이 왔었다고 했다. 입학허가가 났다고. 고맙기 짝이 없었다. 학교가 결정되니 집도 전격적으로 다음날 계약이 되었다. 7월 12일 입학 통지서를 받아 오고 14일 HSK 시험을 치르고 다음날 한국 행 비행기를 타며 불안했던 한 학기를 마무리했다. 이렇게 고등학교 선택의 관문을 넘었다. 어쩌면 가장 중요한 관문이 아니었을까!

　한국에 와서 한 달은 갑자기 떠나느라 미루었던 여러 가지 집안일(가사 정리, 가게 정리) 등등으로 바쁘기 짝이 없었다. 아이에게는 6개월간의 공백을 조금이라도 메우고자 수학학원에 보냈다. 중국아이들과 수업을 해야 하므로 영어, 수학, 기타과목에 대한 한글 교재도 참고로 준비했다. 입학을 위한 건강 검진도 받아야 했다. 대사관에 가서 학생비자를 신청하고 8월 29일 재차 북경으로 돌아왔다. 오자마자 계약한 새 집으로 이사를 하고 이제 우리 식구만의 새 생활을 준비했다.

　- 일요일의 입학식

　처음 학교에 전화를 했을 때 9월 1일 입학식이라고 하길래 잘못 들었는가 했다. 일요일인데요? 일요일에 입학식을 한다고 했다. 월요일부터 정식 수업을 한단다. 뭔가 빈틈없는 수업 질량이 느껴졌다. 새벽 6시에 일어나 같이 등교하여 학교 밖에서 입학식이 끝나고 나오는 아이를 기다렸다. 교과서를 한아름 받아들고 나오는 아이의 표정을 살폈다. 복잡했다.

　그날 밤, 아이는 소화불량에 고열 몸살을 앓았다. 과도한 긴장 탓이었다. 다음날 첫 등교를 하고 3일 저녁에는 심각한 두려움을 토로했다. 중국인 학생들과의 수업이 생각만큼 쉽겠는가. 외계인이 된 느낌이라고 했다. 한 마디도 알아들을 수 없다고 했다. 건너야 할 강이었다. 시간이 지나면 차츰 적응이 되겠지. 언어의 관문이 너무 높다. 예습을 해가도록 했다. 미리 읽어 보고 적어도 나오는 낱말이라도 익혀 가야 하지 않겠는가? 또 어차피 못 알아듣는 수업이니 당분간 이해는 포기하되 열심히 듣는 연습을 해보라고 했다. 그리고 친구들과 먼저 친해지라고 했다. 주변의 친구들이 다 우호적이라고 해서 다행이었다.

중국에서도 우수한 학생들이 모인 학교니 다소 이기적이지 않을까 걱정했었는데 오히려 아이들이 초등학생들처럼 순진하고 문화적인 차이가 느껴진다고 했다. 일단 학교 성적에는 연연하지 말자. 네게 필요한 것을 나름대로 잊지 말고 준비하라고 했다. 어차피 중국 학생들과는 다른 길이니까. 그러나 중국 문화에 대한 이해가 필요할 것 같았다. 친구들과 얘기가 통하려면 공통의 화제가 있어야 할 테니까. 저녁에 잠자리에 누워서 중국 신화를 한 편씩 들려주었다. 반은 중국어를 섞어 가면서. 중국사와 세계사에 대한 책도 틈틈이 읽도록 권했다. 중국어 보충을 위해 하학 후 2시간씩 학원에서 중국어 공부를 했다. 언어가 시급했다. 학교측에서도 10명의 신입 한국 학생을 위해 한어 보충 수업을 1주일에 몇 시간 안배해 주었다.

– 한국 친구들

많은 엄마들이 한국 학생들끼리 모이면 말을 배울 수 없기 때문에 가능하면 한국학생이 한 명도 없는 학교에 보내고 싶다고 한다. 정말 그럴까?

학교생활도 생활인만큼 즐거운 요소는 있어야 한다. 말도 안 통하는 외계인이 된 아이에게 한국 친구들은 그야말로 숨통을 터준 산소들이었다. 중국서 중학교를 졸업하고 이 학교에 온 현주는 고등학교에 와서 한국 친구들을 만나면서 부쩍 활기차고

밝아졌다고 어머니가 무척 다행스러워했다. 나 역시 아이가 친구들 덕택에 학교에 정들어 가는 게 천만 다행이었다. 일단 학교를 가야 공부를 하지 않겠는가. 아이들을 통해서 어머니들도 모임을 갖고 함께 대책을 도모했다. 아이들의 친목을 위해 함께 식사자리를 준비하기도 하고 또 주재원으로 와 있는 현주네 집에서 밤새워 MT를 하는 자리도 마련해 주었다. 아이들은 촛불을 켜고 허심탄회하게 마음을 열고 스스로 성공하는 유학이 되도록 부끄럽지 않은 한국 학생이 되도록 모두 스스로의 행동지침을 강구하기도 했다. 그런 자리를 마련해 준 현주 어머니께 감사드린다. 아무튼 1학년 1학기는 소수 외국인으로서 '적응하기'에 총력을 집중했던 듯하다.

그럭저럭 학급에서 친구들과 대화가 트이고 벌벌 떨며 연구발표도 하면서 한 학기가 끝나 갈 무렵 중국에서 처음 맞은 크리스마스. 뭔가를 보여주겠다며 아이는 색지를 사와서 밤새워 40여장의 카드를 만들었다. 일일이 반 친구들의 이름을 쓰고 짧은 중국어 인사말을 쓰고, 그리고 첫 새벽에 등교하여 친구들 책상에 카드를 두었다. 중국 아이들에게는 신선한 충격이었는지 돌아온 답장들이 엄청났다.

— 사스와 함께 한 고교 2학년

고교 첫 학기를 치열하게 보내고 나니, 아이도 어느 정도 적응이 되어 가고 나는 나대로 슬슬 일거리를 찾아야겠다는 생각이 들었다.

2003년 2월말 고교 2학기가 시작되고 3월 중순 집 정리를 위해 한국에 나와 있다가 들어가려는 무렵에 사스가 터졌다. 무조건 들어오라고 불러들이고 보니 한 학기가 그냥 지나갔다. 학업 손실이 막대했다. 출입금지라 학원도 못 다니고, 비싼 학비는 내놓고 휴학상태라 그 동안 배운 중국어가 퇴보할 판이다. 어쩌겠는가. 시대적 상황인 것을.

2003년 9월 고교 2학년이 되었다. 문·이과 분반이 되면서 새로운 담임을 만나고, 있던 반에서 분리되어 나왔다. 중국은 보통 반편성이 되면 3년 내내 같은 학급에 같은 담임인데 말이다. 안정되어 가던 적응 분위기가 다소 흔들릴까 걱정되더니 이제는 아주 당당하게 새 친구들과 어울리며 반의 분위기에 어울려 가는 분위기다. 한국에서 늘상 반장을 하며 반을 리드하던 본성이 이제 조금씩 살아나는가 보다.

이제 목표를 위한 입시 전략을 짜야 하지 않을까. 이부중에 다니다가도 입시를 위해서 국제 학교로 전학을 간다는 얘기도 있고, 모 국제 학교는 북경대 입시에 정통하다는 얘기도 있고, 학원 입시반에 들어가야 정보를 알 수 있다고도 하고, 도무지 하늘 같고 바다 같은 북경대 시험 범위를 어떻게 요리해야 하는가? 각 입시학원의 프로그램을 꼼꼼히 들여다봐도 도무지 어떤 게 유리한 것인지, 어떻게 좋은 것인지 판단이 되지 않는다.

― 유학원에서의 입시상담

미모의 원장은 나긋나긋한 목소리로 북경 유학생들의 현황을 죽 꿰고 나서, "이렇게 치열한 경쟁 속에서 살아남으려면 족집게 과외반에 들어가야만 안심하실 수 있습니다. 혼자서 실력으로 승부한다고 해봐도 결국 한해 두해 재수하다가 결국은 과외반에 들어오게 되지요. 어문만 해도 범위가 엄청난데 역사 개황을 어떻게 전부 달달 외우며 공부합니까? 그것도 중국어로. 수학과 영어도 어디 만만합니까. 잘 찝어 주어야지요. 아니면 북경대 예과반에 들어가야 문이 좀더 넓고요" 한다.

말인즉 고교 졸업 후 예과반에 들어가면(결국 일년 재수나 마찬가지인데) 북경대 입학이 어느 정도 보장된다는 거였다. 족집게 과외반이란 게 엄청 고액이었다. 이 정도면 기부금 입학도 되지 않을까 싶게. 북경대 기부금 입학은 공개된 사실이고…. 돌아오며 그 원장 정말 '말 잘하네' 하며 혀를 찼다. 이제 알 만했다. 나는 아이를 불러놓고 '어떻게 해야 할까?' 하고 물었다.

"뭘 어떻게 해요? 학교를 다녀야지. 그게 원칙이고 바른 길이지요. 우리 학교 잘 가르치니까 열심히 하면 될 것 같아요."

그때처럼 우리 딸 참 믿음직하다고 느끼기도 처음이었다. '학교 공부 열심히 하기'가 2학년의 목표였다. 전 과목 다 잘하기는 어렵고 입시와 관련된 공부를 집중적으로 공략하자. 그렇게 2학년을 보냈다. 중국아이들이 보는 졸업고사에 시험 삼아 참여하여 수학, 영어 모두 우수한 성적을 얻었다. 자신감을 얻은 듯했다.

내가 신경 써야 할 부분은 건강 챙기기. 몸살이라도 나서 아파 누우면 손해니까 아예 몸살기가 보이면 무조건 쉬게 했다. 실제로 컨디션 나쁜 날은 오전 수업을 빼먹고 지각 등교 하기도 했다. 효과적으로 공부하기를 강조했고, 건강 제일 주의로, 과도한 밤샘 따위는 피하도록 했다. 뭐 공부가 인생의 전부는 아니

잖은가! 아이 스스로 잘 해가고 있다는 생각이 들자 나는 나름
대로 활동을 시작했다.

 – 2004년 9월 3학년 1학기

　명실상부 입시생이다. 한국 학생들도 갈길이 달라 흩어지기
시작했다. 한국 대학 진학을 위해 귀국하기도 했고 국제부 학교
로 전학가기도 했다. 학교를 쉬고 학원에 등록하는 학생도 있다.
너는 어쩔래? 이제는 입시학원을 돌아볼 시기가 되었다. 어문,
역사 개황은 실제로 압축 요약이 필요했다. 그러나 수학, 영어는
학교 수업을 들을 필요가 있었다. 학교 담임과 의논한 후 오후
4시 이후 학원 수업을 부분적으로 듣기로 했다. 그렇게 한 학기
를 마무리했다.

　겨울 방학이 시작되면서 이제 남은 한 학기를 어쩔 것인가.
아이는 최종적으로 학원수업을 선택했다. 학교에서 한국 학생을
위한 입시반을 개설하지 않으니 스스로 알아서 하는 수밖에 없
었다. 같은 처지의 어머니들이 다시 모여 대책을 강구했다. 모두
학원 수업에 찬성은 했으나 학비와(2000불) 학원비(2500불)의 이
중 지출을 부담스러워했다.

　"학교에 학비를 삭감해 달라고 할까요?"
　"학비를 어떻게 깎겠어요? 결석하고도 졸업장 받을 수 있으면
　다행이지요."
　"뭐 얘기나 해봅시다. 학교에서도 입시지도 해주어야 하는 거
　아닌가요? 그걸 안 해주니까 학원 간다는 건데…."

그리하여 나와 몇 분 어머니가 함께 학교를 찾았다. "벌써 졸업 학기가 되었네요. 그 동안 잘 가르쳐 줘서 감사합니다"로 시작하여 이야기를 풀어 갔다. 대화 중에 학교 측에서는 별도로 입시지도를 못해 주어서 미안하다고 했고 우리는 학교에 못 보내게 되어 죄송하다고 하다 보니 문제는 자연스럽게 해결되어 갔다. 정식 결석 사유를 제출해 주면 학원 출석과 성적으로 대신해 주겠으며 학비 삭감도 고려해 보겠다고 학교 측에서 제의를 했다. 다음날 사유서를 제출했고, 학교 측의 배려로 결국 학비는 30%만 내고 졸업을 하게 되었다.

그렇게 약 4개월, 학원에서 새벽부터 밤까지 본격적인 입시 준비를 알차게 했다. 주말마다 보는 성적에 일희일비하면서. 평소 점수에 대범하다가 점수가 세상 전부인 것처럼 보인 기간이 짧았기 망정이지 정말 스트레스 때문에 팍삭 늙을 것 같다는 말이 실감되는 날들이었다.

– 학과 선택하기

진로문제는 이미 북경 올 때부터 고려하던 것이었고, 내가 아무리 중문학을 시키고 싶어도 본인이 원하지 않으면 강요하지는 않으리라 작정하던 터였다. 스스로 충분히 생각하여 적성과 개성을 발휘할 수 있는 분야라면 예술 쪽도 괜찮다고 생각하던 터라, 또 적성 검사에 법학도 상당히 높은 점수를 받은 분야라 어딜 택하든 좋았다. '학원 측에서도 경제분야(수학이 약해서)만 아니면 어디든 가능하겠다고 하니 이왕이면 법학을 할래' 했더니 일언지하에 '아니오'다. '국제 관계를 할래요.' '왜?' '여러 나라 많은 사람들을 만나면 재미있을 것 같아요.' '조오치!'

- 시 험

첫째날(5월 7일).
첫날 택시를 태워 북경대 입구에 내려주고 왔다.

이튿날(5월 8일).
어제처럼 아이와 친구들을 함께 태우고 가는데 택시 기사가
농담 한 마디 한다는 게 오늘 모두 불합격이라는 거다. 순간 아이
들의 표정이 싹 굳는다. 이 무슨 날벼락인가. 잠시 후 내가 기사
에게 '당신 원나라의 수도가 어딘지 알아?' 하고 물었다.

"대도!"
"그럼 그 대도가 지금 어딘데?"
"모르겠는데…."
"당신 참 무식하군. 살고 있는 북경의 역사도 모르면서 누구보
고 불합격이래."

순간 아이들이 폭소를 터트렸다. 목에 걸린 가시가 뽑히는
순간이었다. 데려다 주고 와 생각하니 아무래도 기분이 석연치
않다. 오후 마지막 시험도 궁금하고 해서 학교로 갔다. 마지막
수학 시험이 끝나고도 맨 마지막에 나오는 아이를 붙잡고 이제
고생 끝이다. 수고했다. 꼭 안아 주었다.

- 합격자 발표

시험 끝나고 발표일까지는 거의 한 달을 기다려야 했다. 도
무지 감을 잡을 수가 없다 정답지도 예상 점수도 신문도 방송도

모두 깜깜하기만 하니 누구를 붙잡고 물어 봐도 모르겠다이다. 아이 애기로 대충 어문은 잘 본 것 같은데 기타과목은 비교적 어떻다고 말할 수가 없단다. 잘 본 쪽인지 아닌지 모두 잊어버리고 그냥 소설책에라도 몰두하며 보내는 게 좋겠다고 말해 주었다.

5월말 학원 수업을 하다 말고 전화를 받았다. 중간 휴식시간에 맞추어 아이가 전화를 했다.

엄마 나 합격했어! 한 시간 전에 알았는데 엄마 수업 끝나는 시간까지 기다리다가 이제 하는 거야! 어? 다시 말해봐 확실해? 응 합격이야! 국제관계 1지망.

학생들이 "선생님 축하해요" 내가 가르친 한국말로 축하해 주었다.

- 후 기

내가 선택한 길이 옳았는가?

지금 시점에서는 일단 후회가 없다. 참 많은 사람들이 같이 기뻐해 주니 얼마나 다행한 일인가!

그러나 뭐 인생은 새옹지마니까. 긴장을 늦추지는 말 일이다. 정작 진짜 공부는 이제 시작이니까.

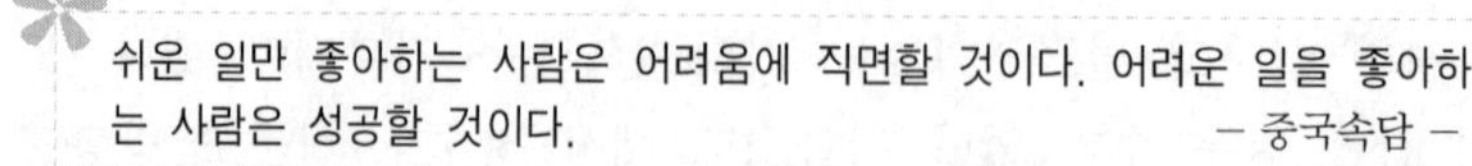

유형석

북대(北大)로 간 북사대 이부중 아이들

"저희들은 북경사범대 제2부속중학 학생들인데요. 학교에서는 아무런 정보도 얻을 수 없거든요. 특강 한번만 해주세요."

그 녀석들과의 첫 대화였다.

개강을 한 지가 얼마 안 되어 정말 눈코 뜰 새 없이 바쁜 나날을 보내고 있던 나에겐 자기밖에 모르는 이기적인 녀석들, 상대방의 입장은 전혀 고려하지 않는 녀석들로밖에는 생각되지 않았다. 아무튼, 특강을 안 해주면 해줄 때까지 괴롭힐 것 같은 생각도 들고 나름대로 홍보차원이란 생각으로 해주었던 특강으로 아이들과 인연은 시작됐다. 그러나 두어 시간 정도의 특강이 진행되면서 진지한 아이들의 태도에 내 생각은 변하기 시작했다. 이기적인 아이들의 전형에서 계획에 따라 주도적으로 나가는 아이들로….

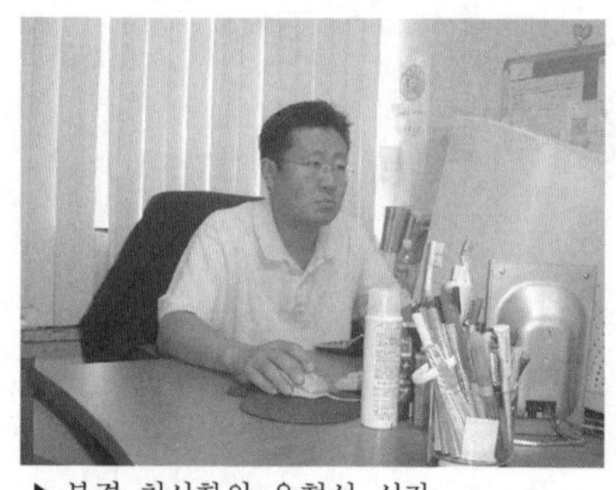

▶ 북경 청산학원 유형석 실장

항상 진지하면서 유난히 다혈질이던 재홍이, 조금은 어눌한 듯 그러나 최고의 성적을 자랑하던 나라, 식사시간에 가장 용감하던 한수, 그저 둥글둥글 사는 달님이, 그리고 청산 최고의 축구선수 충렬이가 그들이었는데, 처음에는 무척 걱정이 많았다. 아무래도 중국학생들과 함께 하는 학교의 수업이 유학생 입학고사와는 거리가 있었고, 나름대로는 학교에서 상위권에 해당하는 성적을 유지하고 있었지만, 그들 말대로 유학생을 위한 정보가 부족했고 대책이 없었다. 더구나 아이들이 다니던 북사대 제2부중에서는 1학기 때부터 사설교육기관에서 공부하는 것을 허락하지 않았다. 결국 2학기부터 종합반에 합류하게 되었고, 본격적인 입시 준비가 시작되었다. 개강 한 달 후 첫 모의고사가 치러졌다. 성적은 조금 암울하게 나왔고 이제 그 성적을 근거로 그들과의 상담이 시작되었다.

아이들이 안고 있는 문제점은 학교 수업과 학원 수업 간의 거리를 극복하기가 힘들고, 그 방식에 아직 익숙하지 못하다는 것이었는데, 학원 종합반에 들어오면 모든 게 해결될 줄 알았던지 그들의 실망은 생각보다 큰 것 같았다. 이럴 경우 심리적인 영향이 크게 작용한다. 결국 내가 그들에게 제시한 방법은 제도와 방식이 어색하다면 그게 익숙해질 때까지 기존의 패턴대로 밀고 나가는 뚝심이다. 그때 그때의 상황별로 아이들과 겪은 일화를 소개하면….

　　머리도 좋고 생각하는 영역도 무척 포괄적이다. 장래 희망은 돈을 많이 벌어서 학교를 세우는 것이라고 했다. 또래의 아이들보다 무척 엉뚱한 생각이지만 그때를 대비한다고 벌써부터 인터넷으로 주식거래를 하는 등 진취적으로 움직이는 녀석이었다. 처음에는 그저 미래의 꿈이 다른 녀석들보다 구체적이구나라고만 생각했었다. 하지만 전공 상담에서 녀석은….

　　나　: 음, 넌 돈을 많이 벌겠다고 했고…, 그러려면 경제학과나
　　　　금융 방면이 좋겠지?
　　재홍: … 아니요. 선생님 저 중문과 갈래요.
　　나　: 뭐? 에이, 장난하지 말고. 무슨 중문과….(힐끗 재홍이를
　　　　보며) 진짜냐?
　　재홍: (단호하게) 예!
　　나　: 아니 분명한 네 소신이 있으면 몰라도 갑자기 뜬금없이
　　　　중문과야?
　　재홍: 중문과에 가야 제가 다른 일을 할 시간이 많을 것 같아
　　　　요. 다른 과는 공부하느라 다른 일을 전혀 못할 것 같아
　　　　서요. 암턴 전 중문과 1지망입니다.
　　나　: … (한숨 쉬면서) 알았다.

　　이런 녀석이었다. 결국 이놈은 북경대 중문과에 무사히 합격을 했고, 동시에 청화대 법대에도 합격을 했다. 물론 재홍이의 선택은 북경대 중문과였다. 다른 일을 해야 하니까.

　솔직히 별로 공부와는 상관이 없어 보이는 모습. 또 무척 내성적인 성격의 아이로 생각했었다. 그러나 결과는 항상 종합반 전체성적 1, 2위를 다투는 수재. 그리고 누구 앞에서든지 자신의 소신을 분명하게 밝히는 다부진 녀석이었다. 이 녀석과의 상담은 별 특별한 건 없었지만, 역시 엉뚱한 면이 많은 녀석이다.

　나라: 선생님 큰일 났어요. 상담할 일이 생겨 버렸어요.
　나 　: 잉? 무슨 일인데? (사실 종합반 학생 입에서 이런 소리가
　　　　 나오면 일단 긴장한다)
　나라: 공부가 전혀 안 돼 며칠째 집에서 잠만 자요. 그냥 밥
　　　　 먹고 자고 그렇게 살아요.
　나 　: 음… 그건 말야.
　나라: 그래서 이제 강제적으로라도 학원에 늦게까지 남아서 공
　　　　 부해 보려구요.
　나 　: 그렇지… 그 부분이….(이야기가 조금 이상해진다)
　나라: 그렇게 하다 보면 차츰 괜찮아질 것 같아요. 그렇죠?
　나 　: 응, 그럴 거야. (저녀석 상담하러 온 거 맞아?)
　나라: 음, 그럼 그렇게 하면 되겠네요. 선생님 상담 감사합니
　　　　 다. 선생님께서 말씀해 주신 방향으로 하면 되겠네요. 그
　　　　 럼 나가 볼게요.
　나 　: 어… 그래. (난 뭐지? 황당…)

　이런 녀석이다. 자주 날 황당하게 만들지만, 그래도 꾸준히 성적을 유지해서 북경대 최고학부인 광화관리 학원에 합격했다.

  부모님과 함께 북경에서 유학을 하고 있는 케이스. 다소 정제되지 않은 모습에 본인의 의지와는 상관없이 주변 친구들과 의견마찰을 일으키기도 한다. 정의감이 넘치나 상대방의 입장을 조금 가볍게 생각하는 탓에 안티세력이 많은 녀석이다. 하지만 본인의 실수를 인정할 줄 아는 사내다운 모습을 가진 녀석이기도 하다. 충분히 단점을 장점으로 바꿀 수 있는 녀석이라, 유독 정이 많이 갔다. 공부하는 모습은 그 누구보다 당당하고 꾸준히 해나가고 있었고 오히려 한수의 다른 부분은 엄청난 식성에 있었다.

  모든 입시반 아이들이 입시직전에는 왕성한 식욕을 자랑하지만 한수의 식성은 그 정도를 넘어서는 경지(?)였다. 이 녀석과는 주로 상대방을 대하는 화법, 그러니까 본인은 상대방을 걱정해서 하는 말들이 상대방에게는 상처가 될 수도 있는 그런 부분들을 조심하라는 말을 많이 했던 것으로 기억된다.

  물론 우리 학원에는 이 학생들 말고 150여 명이 넘는 학생들이 중국각지에서 그리고 한국각지에서 모여 공부를 하고 있다. 하지만 이 학생들이 유난히 내게 기억에 남는 이유는 중국에서 조기유학을 하는 학생들이 느끼는 가장 약한 부분, 즉 동기애가 유난히 강했다는 것이다. 충렬이, 얼굴도 잘생기고, 운동도 잘하고 한 마디로 공부만 잘하면 되는 그런 녀석이, 2004년 11월경이었던가? 그만 가출을 하고 말았다. 집에서는 물론 학원도 발칵 뒤집혔고, 결국엔 10여일 만에 다시 나타나긴 했지만 정말 애를 태웠던 순간이었다. 그런데 흥미로운 것은 충렬이가 가출했을 때 그 동기 녀석들의 반응이었다. 서로 약속한 것도 아니었는데 매일같이 내 방으로 찾아오는 것은 물론 수시로(새벽이든 늦은 밤이든 간에 말이다) 전화를 해서 혹시 연락이 왔는지 등등에 관해 물어보고 또 저희들끼리 수소문 하고 그러면서 어쩔 줄 몰라 하는 것이 아닌가.

　이런 녀석들이 전부 같은 학교에 진학해서 계속 유학생활을 해나간다면 이 아이들이 보여줄 수 있는 잠재력은 정말 크겠구나 하는 생각이 들었다. 그래서 그런지 북경대 합격자 발표가 있고 나서 제일 먼저 확인해 본 명단이 바로 이 녀석들이었고, 단 한 명의 열외도 없이 전원 합격한 녀석들의 기뻐할 모습과 몇 개월 전 가출한 친구의 안부에 안절부절못하던 모습이 오버랩되어 나도 모르게 입가에 웃음이 묻어 나왔다.

하나, 비에 짜워 지(서두르지 마라)

- 똥부터 뉘어라

준비 운동 없이 갑자기 찬 물에 뛰어들면 죽는 경우가 있다. 중국 조기유학도 마찬가지다. 우리 어른들 중에도 여행을 가서 하루만 지나면 음식이고, 잠자리고 모든 게 불편해서 얼른 집에 가고 싶다는 사람들이 있다. 그렇지 않은 사람들도 역시 "집이 최고야!"를 외치긴 마찬가지다. 맨날 "떠나고 싶어"를 입에 달고 다니던 사람들조차 1주일쯤 지나면, 우리나라가 그리워지기 시작하고 돌아올 때쯤이면 부쩍 한국 얘기를 하다가 도착하면 "살 것 같다"고 하는 경우가 대부분이다.

그런데 아이들을 유학 보낼 때는 사정이 다르다. 일단 집 떠나서 불편할 거란 생각을 하지 않는 부모들이 많다. 한국에 있는 친구들이 보고 싶을 거란 생각을 안 한다.

어린아이들을 데리고 여행을 하다 보면, 차 막히고, 비 내

리고, 어른들도 답답해서 미칠 것 같은 그 순간 꼭 똥마렵다고
칭얼댄다. 좀 참으라면 더 난리를 친다. 할 수 없이 갓길에 차
세우고 신문지 들고 똥을 뉠 수밖에 없다. "얘는 가만 있다 꼭
이럴 때 똥마렵다고 하더라" 하면서. 아이들은 왜 하필이면 그
시점에서 항상 똥이 마려운 걸까? 신경질 나게. 아이들도 갑갑
해서 그런 거다. 엄마, 아빠 신경이 날카로워지면 이심전심으로
그게 아이들한테도 영향을 미친다. 그래서 가만히 잘 놀다가 꼭
그럴 때 똥이 마렵다.

머리는 컸지만 조기유학 가는 아이들도 마찬가지다. 뭔가
불안해서 똥마려운데 똥부터 뉘어야지, 참고 공부하라면 공부가
될까?

─ 호들갑 떨지 말자

누구나 자기자식은 금쪽 같다. 중요한 건 이 금쪽 같은 내
새끼가 유학에 성공하는 것이다. 그래야 나만 금쪽 같이 생각하
는 게 아니라 남들도 내 새낄 금쪽 같이 생각하게 된다. 그러려
면 호들갑을 떨지 말아야 한다.

문화가 달라서 그렇고, 생활수준이 달라서 그렇지 중국 사
람들도 자식이 금쪽 같기는 마찬가지다. 그렇지만 우리완 좀 다
르다. 아침에 산책을 하다 보면 자전거로, 차로 또는 걸어서 대
부분의 엄마들이 아이들을 학교까지 데려다 준다. 중학교 학생
들을. 그러나 학교 대문 안으로 들어가는 일은 없다. 팔짱끼고
걸어가면서 비닐봉지 속에 담은 과일을 연신 아이의 입에 넣어
주는 엄마들도 있다. 그러나 대문 안으로 들어가지 않는다. 아이

를 들여 보내놓고는 철조망 사이 여기저기를 옮겨 다니며 몇십 분씩 철조망에 매달려 있다. 아이 얼굴 한 번 더 보려고. 그러나 학교 안으로 들어가지는 않는다(물론 규칙이 못 들어가는 것이긴 하다).

그런데 우리 엄마들은 어떤가? 뻑하면 교실까지 따라 들어간다. 걸핏하면 "왜? 무슨 일이야? 걱정 마. 엄마가 해결해 줄게"다. 그러니까 아이는 한 시간 끝나면 엄마에게 전화해서 어쩌구저쩌구 한다.

한국에 있는 엄마들은 전화만 붙들면 "밥 먹었어?"다. 정 힘들면, 한국에 와도 된다고 한다. 왜 그러냐면 안쓰러워서…, 애가 원래 처음에 적응을 못해서…, 우리 애가 다른 애와 달리 여려서…란다.

그럼 아빠들은?

PC방 가지 마라.
술 먹지 마라.
담배 피우지 마라.
여자친구, 남자친구 사귀지 마라.
밤늦게 돌아다니지 마라.

단 하나 빼놓고는 전부 "~하지 마라"다. 그 단 하나는 "공부 열심히 해라"다. 도대체 유학을 보낸 건지 중 만들려고 절에 보낸 건지 모르겠다. 호들갑 떨지 말자.

- 멀리 보자

　설사 공부를 못해도 한국에서 전문대 갈 실력이면, 중국에서 4년제 대학은 간다. 여기서 중위권 대학갈 아이면, 아직은 명문대학에 갈 수 있다. 이제 중학교·고등학교 다니는 아이들한테 너무 일찍부터 공부 스트레스를 줄 필요는 없다. 중국 중학교·고등학교를 결석하지 않고, 가끔 졸더라도 충실히 수업만 받아도 아이들의 중국어 실력은 여기서 외국어 고등학교·외국어 대학교 나온 아이들보다 낫다.

　엄마, 아빠들은 조금 장기적인 계획을 세울 필요가 있다. 막연히 중국어만 해도 해먹고 살 게 있지 않겠나? 이런 생각을 갖는 건 금물이다. 대학을 졸업하고 이 아이가 무엇을 할 것인가를 생각해야 한다. 아이들이 거기까지 생각할 수는 없는 것 아닌가. 물론 막연하다. 그러니까 '묻지마' 유학이 너무 많다. 지금 이대로는 안 되겠으니까 일단 가고, 그건 그때 가서….

　이런 생각으로 보내 놓고선, 일단 유학 보내고 나면 애만 볶으면서 호들갑 떨게 된다. 어떻게든 중국어만 잘하게 한다는 생각에 아이를 어느 시골구석 한국 사람이라고는 없는 곳에 보내기도 한다. 유학을 보낸 건지, 감옥엘 보낸 건지 알 수가 없다. 스트레스나 외로움 때문에 정서 장애가 생길 수 있다는 생각을 해본 적은 없는 것 같다.

　사회성이라는 것이 있다. 이건 또래 아이들과의 어울림 속에서 얻을 수 있는 것이다. 한국 아이들과도 또래 모임이 있어야 한국 사회에서 필요한 사회성을 기를 수 있다. 한국적인 것을 모두 잃어버리고 중국 아이처럼 생각하고 행동하라고 유학 보내는 건 아니지 않은가.

한국 국제학교의 김태진 교장 선생님은 이런 말씀을 하신다. "중국은 역시

▶ 한국국제학교 김태진 교장

사회주의 국가이고, 전체주의 국가입니다. 여행을 오거나 밖에서 사업을 하시는 부모님들은 못 느끼시겠지만 중국이 사회주의 국가이고 전체주의 국가인 것을 가장 잘 느낄 수 있는 곳은 학교입니다. 자율성, 창의성 뭐, 이런 건 찾아볼 수가 없거든요." 무조건 중국식으로 공부시키는 게 대수요 장땡은 아니다.

성을 건축하려면, 돌멩이 하나부터 쌓아야 한다.　　　－ 이탈리아 속담 －

둘, 실패(失敗)를 예상한다

조기 유학을 보내는 부모들은 대개 적극적인 사람들이다. 또한, 능동적인 사람들이다. 한 마디로 경쟁력이 있는 사람들이다. 그러다보니까 실패를 싫어하고, 못 참아 한다. 중국 조기 유학의 동기부터가 그런 경우가 많다. 그러다보니 아이들의 유학 계획에는 실패가 없다.

- 기대를 낮춘다

"한 1년이면 어느 정도 중국어는 되겠지 뭐, 한비야 씨가 쓴 중국견문록이란 책 보니까 1년 만에 HSK 6급인가 땄더라구. 그 정도면 웬만한 말은 다한다는구만. 대학은 북경대, 아니 요새는 청화대가 1위라던데. 유학원에 물어보니까 6개월 공부하고도 들어갔다던데. 북경대나 청화대는 영국이나 미국 대학들하고 전부 교환학생 프로그램을 하더라구. 대학원은 미국으로 보내야지. 일본도 괜찮지. 중국 애들 보니까 영어 잘하더라구. 아니면 일본을 교환학생으로 3학년 때 보내구, 대학원은 미국으로 보내야지. 이러면 영어, 중국어, 일어 3개 국어는 하는데 뭐 먹고 살지 못하겠어?”

“중국어의 바다에 빠져야 돼. 그러니까 한국 애들이 없는 데로 보내야 돼. 일단 중국어부터 잡아야지. 중국에 유학 갔으면 중국어를 잘해야지 무슨 영어야? 그러다간 죽도 밥도 안 돼. 영어는 대학에 가서 해도 돼. 한 3년 중국 애들이랑 지내다 보면 중국 애 다 되겠지 뭐. 그러니까 아예 중국사람 집에 홈스테이를 시켜야 돼. 그래야 음식이나 생활도 다 알고 그러지. 내가 중국 가보니까 안 되겠더라구. 매일 한국 음식 먹고 한국 애들끼리 모여서 공부하는데 그게 무슨 유학이야.”

이런 맘먹고 조기 유학 보내면 실패확률이 거의 100%다. 차라리 이런 생각이 절반의 성공은 거둔다.

“거기도 다 족집게 과외가 있어. 정 안 되면 기부금 내고 가는 법이 있어. 리포트? 가정교사 구해서 쓰게 하면 되지. 중국? 다 방법이 있어. 여기서 이러느니 거기 가서 그럭저럭 개기다 보면 대충 되겠지. 인구가 12억인데 공부해 놓으면 중국에서 사업이나 시키지 뭐.”

기대치를 낮추면 오히려 성공할 확률이 높다는 것을 강대상 씨의 예에서 볼 수 있었다. 최소한의 목표만 설정한 뒤, 그것은 확실하게 실행하는 데 초점을 맞출 필요가 있다. 적어도 조기유학이란 1가지 면에서는 성인이 되서 유학 가는 것보다는 성공을 보장한다. “발음이다.”

- 실전 경험을 쌓는다

　성공을 위한 조기유학 계획은 이랬으면 싶다. 첫째, 생활에 적응하지 못할 때 어떨까를 생각한다. 이건 여기서 아무리 도상 연습을 해봐야 효과가 없다. 중국에 유학을 보낼 생각이라는 얘기를 아이에게 하지 않은 채, 방학을 이용해서 어학연수를 해보자. 되도록이면 중국 음식도 먹어 보게 하고, 버스 같은 대중교통도 이용하게 해본다.

　둘째, 학습면에서는 성조와 한자(간체)에 대한 감도 익히게 한다. 기초 회화 과정을 마스터한다든지 하는 것보단 중국어란 "이런 거구나!" 하는 감을 익히는 정도를 목적으로 한다. 그런데 1달 정도의 연수에서 "중국유학이 싫다"는 감정을 갖는 아이들은 거의 없다. 어차피 한국으로 돌아갈 것이고, 아이들은 그냥 여행을 한다는 생각을 가지고 있을 뿐이다. 오히려 너무 중국이 좋아졌다고 말하는 아이들이 중국 생활에 적응하지 못하는 경우가 많다.

　셋째, 이런 아이들에겐 귀국한 뒤에, 본격적으로 한자(간자체)공부를 강도 있게 시켜 본다. 중국 유학의 성패는 얼마나 따분하고 지루한 것에 빨리 익숙해지느냐에 있다.

실패가 성공보다 더 많은 가르침을 준다.　　　　　　　－ 헨리 포드 －

셋, 한국을 잊어버린다

> "아이들이 방학을 하면 바로 중국에 가니까 여기서 생활하는
> 기간은 8개월 정도라고 봐야 되거든요."

청소년 상담센터 청개구리 이상준 소장의 말이다. 유학을
해본 사람들이라면 누구나 경험으로 알고 있는 것이 유학초기에
는 "절대 귀국하지 말라"는 것이다. 나 자신도 일본 유학초기,
집안일 때문에 잠시 귀국했다 돌아가니까 나리타 공항에서부터
말이 안 됐다. 카투사의 신병시절, 주말에 집에 왔다가면 월요일
아침부터 버벅대고 1달가량 훈련을 나갔다오면 저절로 혓바닥이
굴렀다.

중국어는 처음 배우기가 참 어려운 언어다. 영어보다도, 일
본어보다 더. 한국에서 거의 2년가량 중국어를 배운 나지만 본
토와 발음이 다르고, 성조가 안 맞아서 "이 버스가 터미널 가나
요?"란 말을 버스기사와 주고받는데 진땀 꽤나 흘렸다. 그런데
나와 같은 어른들하곤 달리 한문부터가 생짜로 처음부터 배워야

하는 아이들은 방학이면 귀국해서 1~2개월씩 놀다가 중국에 가보면 이제까지 공부한 건 말짱 도루묵이 된다.

강대상 씨는 돈도 없었지만 약 6년간을 귀국하지 않았다. 은정이는 물론 아직 한 번도 귀국한 적이 없다. 남개대학에 다니는 문식군은 유학 4년 동안 딱 한 번 한국에 왔다갔다. 대상 씨는 아르바이트를 하느라, 문식 군은 배낭여행을 하느라 중국 여기저기를 돌아다녔다. 북경대에 간 달림이도 3년 동안 비자관계와 사스 때문에 잠깐 왔다갔을 뿐이다. 황신숙 씨는 아예 한국인이 없는 학원에 다녔다.

중국에 조기유학을 하는 아이들 대다수가 국제부(말이 국제부지 90%가 한국아이들끼리 공부한다고 보면 된다)에 다니는 까닭에 어쩔 수 없이 한국적인 교육 환경에서 공부할 수밖에 없다. 그렇다면 한국이라도 잊어버려야 한다. 방학 때, 귀국을 안 하면 안 할수록 성공 확률이 높아진다.

목적지에 도착하려면 한 길로만 가라.　　　　　　　　　－ 세네카 －

넷, 팀플레이가 중요하다

부모가 할 수 있는 역할은 상황에 따라서 여러 가지다. 달림이 엄마, 최성남 씨처럼 중국어를 전공한 분의 경우에는 직접 학교를 한곳 한곳 찾아다니며, 선생님들과 면담을 해서 아이가 다닐 학교를 선택하고, 집에서 중국어 공부까지 시켰다. 엄마이자 선생님이자 유학원 역할까지 다한 경우다.

은정이 엄마는 서두르지 않고 조바심을 갖지 않고, 아이들을 바라보아 주었다. 그리고 아이들과 똑같은 눈높이에서 중국어를 바라보며 동질감을 공유했다. 은정이 아빠 역시 아이들과 퍼즐을 하며, 함께 하는 경험을 갖는 데 주력했다.

상해의 화동과기중학교 국제반 운영팀은 단독 주택을 얻어 학교 기숙사 아이들을 저녁과 주말이면 불러서 한국 선생님들과 함께 공부를 하고 식사를 한다. 학교가 있는 푸동에서 상해시내로 선생님의 인솔하에 구경을 가기도 한다.

　　은정이는 천진 남개실험중학교에서 한국 유학생의 모범사례
로 뽑히고 있다.

　　달림이는 북경대학교에 합격했다.
　　화동과기중학교 국제반 아이들은 한국 아이들이 많아지면
형, 동생처럼 지내는 관계가 달라질까봐 걱정을 하며 미리부터
선생님들에게 협박과 애원을 한다.

　　"우리 사이 변치 않는 거죠?"

　　스타플레이어 혼자서 팀을 월드컵에서 우승시킬 수 없듯이
아이 혼자 힘으로 조기유학에 성공할 수는 없다. 엄마, 아빠, 아
이, 학교, 선생님 사이의 팀워크가 다져져야 비로소 성공이라는
골을 넣을 수 있다.

다섯, 중국 친구를 빨리 사귄다

학교에서 반 활동이 있으면 그것에는 열심히 참여하기로. 결국 6개월간의 시간은 학교에 적응만 하고 지나갔다. 학업은 솔직히 말하면, 전혀 따라가지 못했다. 생각보다 길어진 적응시간에 걱정도 되었지만 '나에겐 남은 시간이 있다'는 생각으로 무시했던 거 같다. 그렇게 보냈던 고1의 반학기. 그나마 크리스마스가 끼어 있어서 중국친구들과 그나마의 관계를 발전할 수 있었다. 갑자기 의욕이 불타올라 반 전체에 조그만 수제 크리스마스 카드를 돌렸다. 나중에 학년말에 알게 된 사실이지만 반 친구들은 그 일을 계속 잊지 못하는 것 같았다.

―달림이의 유학일기―

체육시간이나 점심시간 같은 때, 홀로 앉아 있는 아이들도 나같이 외로울 것 같았다. 내가 먼저 다가가기로 했다. 효과는 직빵. 수업시간에 슬쩍 그 아이를 봤더니 웃으며 손을 흔든다. 이제 친구가 생긴 건가. 메신저 주소를 알아가지고 돌아와 친구로 등록을 했다. 왕따 친구의 친구들도 나를 환영해 주었다. 아리를 통해서 숙제가 뭔지도 알게 되고 그러니까 조금씩 적응이 되어 간다."

―은정이의 중국 일기―

중국인 친구란 아이들 학교생활의 나침반 같은 존재다. 숙제가 뭔지도 알려 주고, 틀린 성조도 바로잡아 주고, 중국아이들이 도대체 무얼 좋아하는 것을 공유하도록 해준다. 부모들이 그렇게 바라는 중국전문가로 나가는 나침반이다. 나침반이 없으면 대학으로 가는, 중국전문가로 가는 항해를 무사히 마칠 수가 없다.

맥주 광고에도 나오지만 요새 아이들은 좋아하고, 마음에 드는 것이라면 무엇이든, 어떤 어려움이 있어도 해낸다. 중국친구란 학교 안에 우리 아이들이 좋아하는 대상, 같이 있고 싶어하는 대상이 되어 준다. 공부는 싫어도 그 친구와 이야기가 하고 싶어 학교를 가는 경우가 있을 수가 있다.

무엇보다 아이들은 수다를 떨 수 있어야 심리적 안정을 얻을 수 있다. 그러니까 버디를 몇 시간씩 붙잡고 있고, 문자 날리기에 정신이 없는 것이다. 하루바삐 중국버디(친구)를 만들 기회를 만들어 줘야 한다.

2부 학 습(學習)

경험을 통해 내가 직접 깨달은바, 누구나 꿈을 이루기위해 자신 있게 밀고 나가고, 원하는 삶을 살기 위해 열심히 노력하면, 언젠가는 뜻밖의 성공을 거두게 된다.

－헨리 데이비드 소로－

　배우고(學) 때로 익히면(習) 즐겁지 아니한가! 학습이란 말의 유래인데, 진짜 공자님 말씀이다. '익힌다'는 뜻의 習(습)과 가장 밀접한 단어는 습관과 이걸 거꾸로 뒤집은 관습이 아닐까 싶다. 습관이나 관습이란 오랜 시간에 걸쳐서 만들어진 것을 말한다. 그러니까 익히는 것은 시간이 걸리는 것이다.

　공자님 말씀 學(학), 배운다는 것은 경험을 통해서 알게 되는 것을 말하는 뜻인 듯싶다. 수필 '월든'으로 유명한 헨리 데이비드 소로는 생활 속에서 깨달은 것을 실천해 가다보면 성공할 수 있다고 했다. 습관과 관련이 깊은 얘기다. 그러니까 이런 결론이 가능하다. 공부습관을 만드는 것이 곧 학습 성공의 비결이다.

　여기에 소개하는 주인공들 역시 공부하는 습관을 만들기 위해 무던히 노력했고, 습관을 만드는 과정에 있고, 습관을 만들어 성공을 거둔 경우다. 그런데 습관을 만드는 것을 꼭 인내와 고통을 요구하는 것으로 오해하지는 말자. 공자님은 학습의 목적은 즐

겁기 위해서라고 했다. 시쳇말로 에듀테인먼트가 필요하다.

정말 공자님 말씀(?) 같다는 생각이 들기는 하지만 성공학습을 위해서는 아이들이 자기주도 학습을 할 수 있게 해야 한다. 자기주도 학습은 동기부여에서 온다. 학습하는 건 아이들의 몫이지만 어떤 환경과 심리상태에서 아이들이 학습하는가는 부모의 책임이다. TV를 없애자든가, 학원에 보내지 말자든가 기적의 도서관 학습법 같은 베스트셀러들은 모두 엄마, 아빠의 솔선수범이 아이로 하여금 자기주도 학습을 할 수 있도록 만들어 준다고 주장한다.

은정이는 엄마가 늘 해준 말, "넌 세계적인 인물이 될 거야"가 스스로에게 자신을 가지고 학습을 하도록 해주었다. 믿음이 아이를 자기주도적으로 공부하도록 만든다는 말이다.

달림이는 학원 종합반에서 열심히 공부하는 다른 유학생들을 보며, 스스로 밤을 새울 결심하게 됐다. 외부에서의 자극이 아이를 자기주도적으로 공부하도록 만든다는 말이다.

과장해서 영어에 '영'자도 모르던 권문식 군은 영어 못한다고 무시하는 다른 유학생에 대한 "너만은 내가…" 하는 마음이 1년 내내 평균 2시간의 수면 이외에는 영어에 매달리게 만들었다. 목표의식이 아이를 자기주도적으로 공부하도록 만든다는 말이다.

주인공들에게서 중국에서 공부하는 습관들이는 법을 배우고(學), 익혀 보자(習).

유학 새내기 균동이의 학습일기

아침 8시30분. 오늘도 어김없이 천진시 후아위엔(花園) 칭후아리(程花里) 앞에는 균동이가 서있다. 잠시 후 균동이는 아줌마, 아저씨, 형들과 함께 학원차에 오른다. 균동이는 올 3월에 중국에 왔다. 초등학교를 졸업하자마자 중국으로 유학을 온 것이다. 균동이는 혼자 유학을 와서, 한국에서부터 알고 지내던 은정이네 집에서 지내고 있다. 엄마, 아빠가 개인장사를 하는 탓에 함께 공부하는 유석이처럼 엄마랑 함께 오지 못했다.

중국의 신학기는 9월에 시작한다. 그래서 균동이처럼 초등학교를 졸업하고 2월이나 3월쯤에 유학을 오는 아이들은 대개 6개월 정도 어학연수를 하면서 학교 입학을 준비한다. 균동이는 3년 전 은정이네가 처음 중국어를 배우기 시작한 학원에 다니고 있다.

동갑내기 유석이, 대학에 진학하려는 강수 형과 3개월 전부터 함께 공부하고 있다. 3개월 동안 같은 선생님에게 배우고 있는데, 지금 균동이는 북경어언대학출판사에서 나온 1년차 한어과정 2권을 공부하고 있다.

　　회화중심으로 중국어 공부를 시작하는 대학생들이나 일반인들과는 달리 균동이와 같이 학교수업을 따라가기 위해 준비하는 아이들의 경우에는 한자쓰기와 단어, 독해위주의 교재로 학원에서 배운다. 수업도 중국에 온 처음부터 시작한 기초반 3개월과 다음달부터 시작되는 중급과정의 3개월과정을 모두 같은 선생님에게 배우도록 학원에서 커리큘럼을 준비하고 있다.

　　그러니까 균동이에겐 이 선생님이 담임선생님과 마찬가지인 셈이다. 수업시간에 집중을 하지 않는다든지, 숙제를 제대로 해오지 않을 때에는 은정이 어머니와 요새 균동이에게 무슨 걱정스런 일이라도 있는지 상의를 하기도 한다.

　　학원에서 수업을 마치고 집에 돌아오면, 균동이는 은정이 어머니가 구해 주신 푸다오(가정교사)의 도움을 받아 2시간 정도 학원숙제를 한다. 푸다오는 중국의 대학생이며 1시간에 대개 30위안(3,600원) 정도 한다. 균동이가 학원에서 듣고 있는 수업이 꼭 균동이와 같이 조기유학을 온 학생들만을 위해서 짜여진 것은 아니지만, 균동이들에게는 항상 쓰기 숙제와 함께 문법 숙제를 더 많이 내준다. 그러면 이것을 균동이는 푸다오와 함께 숙제를 하는 식이다.

　　저녁을 먹고나서는 은정이가 배웠던 중학교 교과서를 가지고 영어와 수학 그리고 어문(국어)공부를 한다.

영어와 수학을 공부할
때에는 한국에서 가져온
참고서를 함께 보며, 유사
문제들의 풀이방법이나 영
어문법을 한국어로 공부하
는 것도 병행한다. 은정이
가 공부했던 방법이기도
하다. 아무래도 중국 책만
으론 공부의 진척 속도가

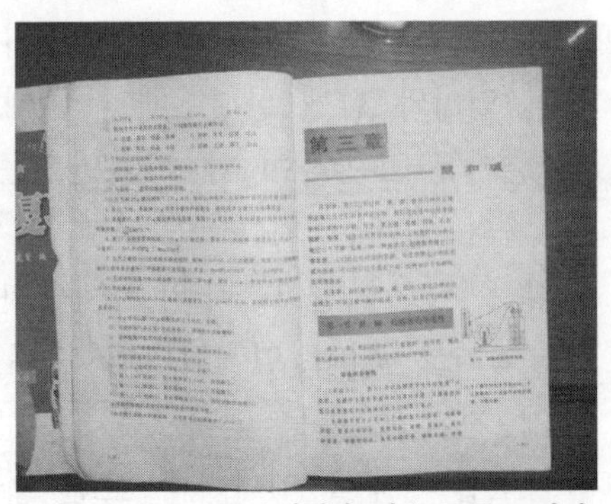

▶ 은정이가 배운 중국 교과서

늦고, 이해도 어려운 까닭이다. 만약 이것도 중국어 공부라는 생
각에 수학이나 영어를 중국책으로 공부하는 것을 고집하다보면,
자칫 아이들이 영어의 문법원칙이나 수학의 중요한 개념원리를
확실히 이해하지 못한 채 넘어갈 수도 있다는 게 은정이 어머니
의 생각이다.

은정이 어머니는 어차피 중국어는 지금부터 너무 매달리지
않아도 1년, 2년 하다보면 자연스레 터득하게 된다는 것이 초등학
생 은수와 중학생 은정이에게도 적용시켜 성공한 학습방법이다.

은정이, 은수와 함께 텔레비전을 보는 것도 공부의 하나다.
아직 알아듣지는 못하지만 자막으로 나오는 중국어(간자체)를 읽
어 가며 대략의 뜻을 파악하려고 노력한다. 인터넷을 통해서 중
국아이들이 좋아하는 연예인이나 노래를 알아두는 것도 빼놓을
수 없다. 9월에 학교에 입학했을 때, 중국아이들과 공감대를 형
성하려면 이런 것들도 알아두는 것이 좋다는 은정이의 충고 때
문이다.

여기에 매일 빼먹지 않는 것이 한자(간자체)공부다. 이건 은정이 엄마와 함께 한다. 매일 10개의 한자를 쓰고, 병음을 외우고 한자를 조합하여 단어를 만드는 연습을 한다. 가령 아침 조(早)자와 일어날 기(起)를 쓰고 외우고 나면, 조기(早起)라는 단어의 뜻 '일찍 일어나다'와 병음 '짜오 치'를 함께 익히는 방식이다. 그리고 '일찍 일어나다의 반대는 무엇일까' 와 '일찍 자다', '늦게 자다'의 뜻을 알아보는 공부를 한다. 이런 식으로 한자와 단어조합 공부를 해나가다 보면 중국어 문법이나 작문의 원리를 자연스럽게 익힐 수 있다.

균동이가 매일 공부하는 시간은 대략 8~10시간 정도이다. 학원에서의 중국어 공부가 3시간, 푸다오와의 공부 2시간, 영어나 수학 공부 2시간, 한자 공부 2시간. 균동이의 초등학교 때 성적은 반에서 10등 정도의 중상수준이었다. 균동이 말로는 중국에 오기 전에 한자공부를 하고 온 것이 굉장히 도움이 된다고 한다.

균동이는 조금 내성적이고 몸집도 가냘픈 아이다. 한국에선 공부를 하려고 해도 학교가 너무 시끄러워서 못했는데 중국학교는 수업분위기도 조용하고 학교 시설도 좋아서 공부할 맛이 난다고 신이 나 있다. 너무 중국이 좋단다. 정말 순조로운 출발을 하고 있는 편이다. 중학교 1학년을 마칠 때까진 중국어를 잊어버릴까봐 한국에도 가지 않겠다는 당찬 결심을 하고 있기도 하다. 내가 보기엔 너무도 대견한데 은정이 어머니는 조심스런 태도를 취한다.

"사실 지금 균동이가 스트레스 받을 게 없잖아요. 학원이라는 것이 눈치를 볼 것도 없고, 전부 중국어 못하는 한국 사람들끼리 하고…. 푸다오랑 공부하고 저나 은정이, 은수한테 모르는 게 있으면 물으면 되고 그러니까 학원에서도 제일 잘한다는 소리도 듣고. 학교가면 우선 자기가 제일 중국어를 못하잖아요. 은정이는 한국국제학교를 다니다 남개실험으로 전학을 갔는데, 그동안 중국어 공부한 걸 반아이들이랑 선생님이 못 알아들어서 쇼크를 받았다고 하거든요. 중국아이들하고 갈등이 있을 수도 있고, 또 선생님하고의 관계도 있거든요. 잘 하고는 있지만 아직 시작도 아니죠.”

두 남매를 잘 적응시키며 노하우를 축적한 은정이 어머니는 균동이에 대해서 나와 이야기를 나누는 내내 안심이 안 되는 표정이다. 마지막으로 조기유학을 준비하는 부모와 아이들에게 해 주고 싶은 말, 한 마디만 부탁드린다니까 이렇게 이야기한다.

“글쎄, 준비를 많이 해오면 좋겠죠. 수학도 많이 하고, 영어도 많이 하고, 한자도 많이 하고 그러면요. 그런데 그러다보면 애가 중국에 간다는 거 자체가 너무 마음속에 싫어지고 두려워지지 않을까 싶어요. 저는 그랬거든요. 애 아빠가 갑자기 중국에 가야 한다 했을 때, 막상 뭘 해야 할지 막막했어요. 은정이한테는 외고 → 영문과 → 미국 유학 → 국제 변호사 이런 꿈을 심어 주고 있었는데 갑자기 아이가 꿈을 바꿔야 하는 경우가 생기는 것 같고 해서 미안하고, 또 준비할 게 한두 가지가 아니더라구요.

그래서 우선 중국 지도책 펴놓고 아이들이랑 같이 보고, 중국 역사책이나 문화에 관한 책도 읽고 그랬죠. 그리곤 처음에 중국에 와서 한 달간은 북경에 있는 아는 집에 보내서 여기저기 구경을 시켰어요. 그때만 해도 천진하고 북경은 많은 차이가 있

었고, 중국박물관 같은 데 가보게 해서 우선 중국에 대해서 호
감을 갖도록 했어요. 우리는 유학 때문에 온 게 아니라 살러 왔
는데 여기서 아이들이 살려면 우선 중국에 대한 좋은 인상을 심
어 줘야 하겠다 싶어서…."

　　요새 뜨는 자기 계발에 관한 책의 요점은 긍정적인 사고다.
중국에 있는 많은 한국인들, 그리고 여행을 다녀온 사람들의 중
국에 대한 평가는 대부분 이렇게 시작한다.

　　"하— 중국 놈들 말야, 아 더러워서…."
　　"아, 정말 미개해. 왜 짱골라라고 하는지 이제 알겠어…."
　　"난 중국 애들 앉았던 자리에 앉기도 싫어."

　　이런 소리를 하는 부모들 밑에서 아이들이 중국을 좋아하는
생각을 가지길 기대하는 건 무리가 아닐까? 부모들부터 긍정적
으로 생각하기를 바란다.

은정이의 마이 페이스 학습 vs 엄마의 믿음 학습

– 적극적으로 공부한다

중국에 온 지 두 달쯤 후부턴 조선족 선생님과 간단한 중국어공부를 하기 시작했고, 중1, 1학기에 한국 기숙사학교에 들어가면서 본격적인 중국생활이 시작되었다. 기숙사학교라 주말에만 집에 오곤 했는데, 엄마, 아빠와 대화를 할 시간도 없었고, 그래서인지 엄마, 아빠가 2학기 때는 시내에 있는 한국국제학교에 다니게 하셨다. 2학기 때 한국 국제학교에 다니면서 나는 적응을 잘 해나가지 못했다. 한국에 있을 때부터 겉모습에 신경쓸 줄 몰랐던 나는 연예인처럼 하고 다니는 친구들 사이에서 많이 힘들어했고, 기죽을 줄 몰랐던 나는 성격 때문에도 많이 부딪쳤다. 이런저런 이유로 중2 때부터는 중국학교에 다니기 시작했는데, 내가 그 학교를 들어갈 당시만 해도 그 학교엔 정말 소수의 한국사람밖엔 없었기 때문에 학교에서 스타의식이 생길 정도로 주목받았다. 잘 알아듣진 못했지만, 열심히 하려고 하니 선생님들과 친구들 다 잘 도와주었다.

- 못하는 걸 잘하게 되긴 어렵지만, 잘하는 걸 더 잘하는 건 쉽다

중국에 와서 중1 때부터 다녔던 영어학원 덕분인지 학교에서의 내 영어실력은 항상 넘버원이었고, 영어가 나와 친구들, 선생님 사이의 다리 역할을 해주어서 중국학교 생활은 훨씬 더 쉽게 적응되어 나갔다. 처음에 중국학교에 들어가서 다른 친구들은 방과 후에 중국어만 열심히 할 때 부모님께서는 나에게 영어만 하게 했는데, 그래도 지금 그 친구들과 내 중국어 실력을 비교해 보면, 큰 차이를 보이지 않아서 나는 영어라는 무기를 하나 더 얻었다는 사실에 항상 감사한다.

- "넌 바보가 아니니까 시간이 지나면 잘 할 수 있어. 걱정 마"

"지금 내 나이 17세, 대학교에 들어갈 날은 3년이 채 안 남았지만, 적응 못해서 힘들어할 때와 달리 내 자신에게 어느 정도 기대가 된다. 비록 그때는 많이 힘들었고, 중국어도 못하고, 한국애들이 한국학교에서 공부할 동안에 나는 아무런 공부도 하지 않고 있는 것 같아 많이 속상했지만, 얼마 전에 나온 HSK 8급 증서를 쳐다볼 때면 정말 다행이라 생각한다."

- "엄만 믿어. 하나님께서 네게 재능을 주셨다는 것을"

"엄마가 초등학교 때부터 하신 말씀. 너희는 분명히 세계적인 인물이 될 거란 말씀이 전과 다르게 조그마한 희망이 되어 내게 다가온다."

쉽지 않은 얘기다. 기다린다는 것!

경험했듯이 아이들보다 부모들이 더 초조해지게 마련.

참 부럽다. 부모들은….
다른 아이가 선생님 질문에, 손 똑바로 들고 일어나 또렷한
목소리로 활기차게 말하는 걸 보면.

그러나 속상해 하거나, 아이를 다그친다고 해결될 일이 아
니다. 공병호 박사는 '친구가 따르는 아이, 친구를 따르는 아이'
라는 어린이 리더십 책에서 이렇게 말한다.

"Don't worry! Be happy!(걱정 마, 넌 행복할 거야!)
"끈기가 성공의 꽃을 피운다."

은정이네의 성공학습에서 끈기 있게 걱정하지 않는 것부터
배우자. 그것이 성공의 꽃을 피우고 이윽고 행복해지는 길이다.

"우리는 강팀" 달림이 모녀의 학습법

- 엄마 품에서 벗어나자

엄마와 함께 온 북경에서 가장 먼저 시작한 "어학연수." 처음이지만 든든한 지원군 엄마 때문에 당장 불안하지는 않았다. 그런데 모르겠다. 와서 첫 한 달, 엄마가 중국어를 잘하셔서일까? 낯선 이국땅에 와서 나도 모르게 주눅이 든 걸까? 나 스스로 중국어 하기를 피하게 된다. 맘을 고쳐먹었다.

"언제까지 엄마 뒤에 숨어 있을 수는 없으니까."

매일 매일 정해진 생활이다. 적당히 피곤하고 적당히 쉬는. 그래서인지 가끔 답답하다. 특별할 일이 없다. 지갑을 만원버스에서 소매치기 당했다. 생각보다 중국어도 빨리 늘지 않는다. 결국은 엄마한테 심통을 부린다. 왜 이럴까.

– 깨어 있는 게 첫 번째 목표

　필기라도 해가려고 선생님의 판서를 따라하려고 하면, 못 알아보는 글자가 대부분이라 결국 나중에 공책에는 글자를 따라 "그린" 모습이 많다. 친구가 보여준 공책필기도 못 알아보니 정말 쓰는 개념이 아닌 그리는 수준이었다. 결국 학교 와서의 목표는 수업시간에 깨어 있는 것으로 정할 만큼 절실해졌다.

– 새로운 목표: 수학과 영어에서는 바보가 되지 말자

　모든 과목을 완벽히 따라가긴 힘들지만 적어도 수학과 영어만큼은 바보가 되지 않는 것, 그것이 나의 바람이었다. 이미 한국친구들 중에서는 중국친구들과 실력을 견줄 만큼 잘하는 친구도 있는데, 난 그렇지가 못했다. 그러나 무작정 자괴감에 빠져 있느니 나의 현실에 맞게 따라가면 된다고 생각했다. 그야말로 내가 바보도 아닌데!

– 규칙적, 느낌 유지, 단어와의 싸움 그리고 알고 있는 문제는
　모두 푼다!

　3학년 1학기 때는 방과 후 단과학원을 찾았다. 우선은 어문이 시급했다. 다른 과목은 현재 학교에서 배우는 것과 차이가 크게 나지 않지만 외국인의 수준에서 어문과목은 특수 대상이 될 수밖에 없었다. 그렇게 방과 후 어문 수업을 들으며 기초지식을 착실히 다졌다. 그리고 학원수업이 없는 날은 학교의 야간자습에 참여했다. 수학, 영어 보충자습을 찾아다니며 듣게 되었고 공부하는 습관을 들인다고 할까? 규칙적인 생활, 하루가 정말 빠르게 지

나가는 하루하루였다.

2학기 때부터 시작된 학원에서의 수업. 수학, 영어는 학교에서 배웠던 것과 크게 다르단 느낌을 갖지 못했다. 잘하려면 오랜 시간을 요하는 과목이기에 우선은 느낌을 잊지 않기로 했다. 학원 개강 중반부까지는 수업시간 자습시간 등을 활용해 문제들을 많이 풀기로 계획을 갖고, 시험이 얼마 남지 않았을 때는 수업시간에 충실히 참여하는 것을 방침으로 하기로 했다.

영어는 뭐라고 참 말하기가 애매했다. 북대 시험 자체가 평소 느끼던 것보다 훨씬 어렵게 나와 당황하기도 했지만, 뭐 결국 영어는 역시 단어량과의 싸움이라고 생각된다. 아는 만큼 보이는 거니까.

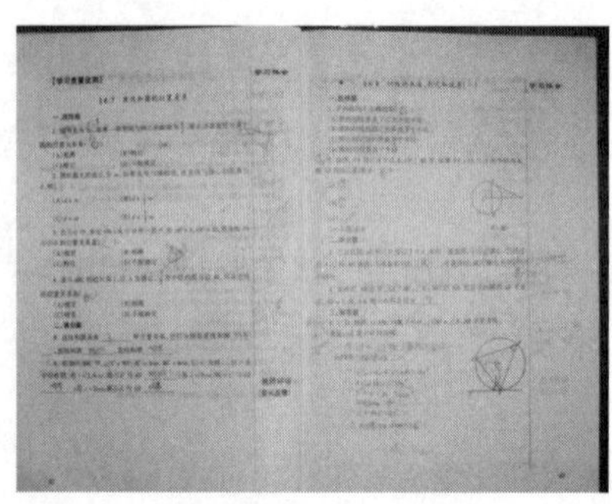

수학이란 과목은 일단 '내가 할 수 있는 문제는 모두 푼다!'라는 각오를 가지고 매 시험에 임했다. 그러다 보니까 만족할 정도는 되었다. 그리고 학교에서 분투했던 것들이 마지막에도 도움을 주었다. 대신 고1 때 놓쳤던 부분들은 마지막까지도 나를 고생시켰다. 정말 한 만큼 돌아온다.

– 기초지식과의 전쟁

어문은 그야말로 초반에는 기초지식과의 전쟁이었다. 병음을

외우고 성어를 외우고 시를 외우고…. 실은 어문은 한국에서부터
도 개인적으로 가장 좋아하는 과목이었다. 그래서 더 노력했고
즐겁게 공부하려고 했다. 이런 어문에서 가장 걸림돌이 되었던
것은 듣기도 기초지식도 독해도 아니었다. 바로 작문이었다. 초반
에는 그럭저럭 써내려 가던 작문, 갈수록 틀리는 문장은 더 많아
지고 점점 자신이 없어져 갔다. 문제를 보는 눈이 너무나 좁았던
탓이었다. 글짓기는 한국에서도 잘하던 편이 아니었는데, 중국말
로 하려니 더 미칠 일이었다. 미리미리 좀 써볼 걸(…) 후회막급
이었다. 마지막에 도움이 된 것은 편안한 마음을 가지는 것이었
다. 맘 편히 써내려간 글을 한편 읽고 자신을 갖고 시험장에 들어
갔더니 시험과제도 그렇게 어렵게 느끼지 않고 써내려 갈 수 있
었다. 그리고 고등학교 시절 시간 있을 때 중국의 유명작가들 작
품을 읽어 둔 것이 도움이 되었다. 비록 번역판으로 읽었지만 작
품의 내용을 대충이라도 파악하고 있다는 것이 큰 도움을 준다는
것을 북경대 어문 시험에서 다시 절실히 느꼈다.

　－ 역사와 개황

　문과 종합이라고도 불리는 이것! 가장 걱정을 많이 하고 자
신 없어 하는 암기과목들. 역사는 그래도 고2말부터 시험을 대
비하며 수업을 들었었다. 그러나 워낙에 범위가 방대하고 세계
고대사까지 범위에 들어가 버려서 그야말로 학원수업과 북대 푸
다오*(매주말마다 북대에서 한 달간 실행한 보습반) 시간에 의존
할 수밖에 없었다. 그 후로는 무조건 외우는 거였다. 전체적인
흐름은 파악했지만 세세한 사건이름과 연도는 역시 나에겐 어려

---

* 북대 푸다오(꿋댕릅돔): 릅돔이란 말은 과외와 학원의 뜻이다. 북경대에서 개
　최하는 시험대비 수업.

웠다. 이야기를 지어내듯 외워보고 잊어버리고 외우고 잊어버리고를 계속 반복하면서 인상에 남겼다. 개황을 공부하면서 —정작 개황은 개황과목 시험보다는 어문시험에 더 도움을 받았다— 중국을 좀더 이해하면서 글을 쓰게 되었달까. 그러나 역사 개황은 역시 암기다. 외워야만 무슨 문제든 써내려 갈 수 있는.

한 발 한 발 북경대까지 / 최성남

— 기초한어 다지기

왜 아이는 6개월의 한어 교육을 거치고도 수업시간에 외계인이 되었을까? 그렇다, 수업은 일상회화가 아니다. 중국 아이들이 거친 초중등 과정의 지식체계에서 아이는 완전히 아웃사이더였던 것이다. 특히 언어 체계에서 그들과 공유하는 부분이 없었다.

신학기가 시작되고 내 나름대로 이런 판단이 서자 그 날로 초중등 국어 교과서를 전부 사들였다. 다 외우지는 못해도 한번씩 훑어는 보아야 하지 않겠는가. 초등학교 1—1부터 중학교 3—2까지. 평소 수업 소화하기도 벅찬데 언제 이것을 또 보나? 강요하지는 않았다. 보아야 할 필요성을 역설하고 수시로 만화책 보듯이 한번씩만 읽어 보라고 했다. 그렇게 아이 책꽂이에 3년 내내 줄 세워 두었다. 학교 수업에 필요한 기초 단어의 대부분이 집대성되어 있지 않은가 말이다.

— 집에서 중국어로 말하기

우리 아이가 다른 아이들보다 유리한 점이 있다면 중국어를

할 줄 아는 엄마가 있다는 점일 것이다. 이 점을 십분 활용해야
하지 않겠는가! 수시로 농담할 때, 칭찬할 때, 야단칠 때, 흉볼
때, 내 중국어를 못 알아들으면 약올라 하더니, 이젠 내 발음이
틀리다고 교정해 준다.

　－ 학교성적과 실력

　첫 학기 첫 시험을 보고 아이의 낙담이 이만저만이 아니다.
꼴찌라니…. 이런 치욕이!

　이쯤 아이를 위로하고, 그러나 언제까지나 마이너스를 달려
서는 안 된다는 점도 분명히 짚었다. 다음 학기쯤엔 적어도 영
어 수학에서는 나란히 달려 봐라!

　－ 효율적인 학습을 위해

　나는 가능하면 공부하라는 말을 하지 않기로 한다. 이 말을
듣는 순간 아이들은 도리어 거의 반사적으로 공부에 알레르기
반응을 일으킨다는 걸, 너무나 빤히 알고 있으므로. 대신 학습
분위기를 조성하기 위해 최대한 애쓴다.

1. 언제든지 쉽게 책상에 접근하도록 정리정돈에 신경 쓴다.
2. 그리고 생활 속에서 공부가 이루어지도록 한다(언어 공부만
   큼 다양한 학습법이 있는 게 또 있을까).
3. 같이 TV를 보면서 한 단어의 뜻을 물어 본다. 아이가 자
   연스럽게 설명하도록 들어준다.
4. DVD도 사서 보라고 한다. 그것도 듣기 공부니까.
5. 주말엔 PC방에 데리고 간다. 친구들과 수다를 떨며 스스
   로 갈 길을 찾을 테니까.
6. 외식을 할 때 주문하도록 시킨다. 말하기 연습이니까.
7. 만화책도 읽도록 한다. 그것도 중국어니까.
8. 아이가 재미있어 하면 이야기해 달라고 한다. 스스로 중국
   어 복습이 되니까.
9. 은행 가기, 수퍼 가기, 우체국 가기 등 자주 심부름 시킨
   다. 모르면 스스로 배우려고 할 테니까.
10. 모든 명사는 중국어로 바꾸어 본다. 전기 스탠드는 중국
    어로 뭐라고 하지? 모니터는 뭐라고 하나? 마우스는? 그러
    다 보면 나도 배운다.

— 보충수업

  일상회화와 HSK 시험 대비를 위해 어학원에 다니게 했다.
회화 공부는 10명 정도의 클라스메이트가 있는 것이 단독으로
배우는 것보다 효율적이라고 생각된다. 수학과 영어는 개인 과
외를 필요할 때마다 했다. 주로 주말 수업이 되었다.

"Where are you from?"을
못 알아들었던 영문과생 문식이의 서바이벌 학습법

　　권문식 군은 군대를 마치고 중국으로 유학을 왔다. 경상도 출신인 그가 전라북도 군산에 있는 호원전문대에 입학했을 정도로 고등학교 때 성적은 시원찮았다. 대외한어과에서 1년간의 어학 연수과정을 마친 뒤, 문식군은 남개대학교 영문과에 입학했다. 남개대학은 1,843개나 되는 중국의 대학 중에서 2005년 대학평가순위 10위를 차지한 명문대학이다. 남개대학은 중국사회주의 혁명 영웅이자 빼어난 외교관으로 존경받는 주은래(周恩來)의 모교이기도 하다. 남개대학의 전신인 남개중학은 미국 선교사에 의해 설립된 학교로 영문과, 일문과 등이 특히 유명하다.

▶ 남개대학교 영문과 4학년 권문식

문식 군은 대부분의 한국학생들이 가장 많이 진학하는 대외한어과나 경제학과 대신 영문과를 선택했다. 장래 호텔리어가 되는 꿈을 갖고 있고, 그걸 이루기 위해서는 중국어 외에 영어가 필수라는 생각에서였다. 대부분의 중국 대학교들이 그렇긴 하지만 남개대학교는 유독 유학생들이 비교적 쉽게 입학은 할 수 있으나 졸업이 힘든 대학이다. 오죽하면 이때껏 남개대학교 영문과를 졸업한 한국학생이 이제까지 1명밖에 없다고 할까. 학년말 시험에서 과락을 하면 진급을 시키지 않는 제도를 엄격히 시행하고 있기 때문이다.

매년 영문과에 100여 명 이상의 한국학생이 입학을 하지만 4학년에 1명, 3학년에도 1명이 재학하고 있을 뿐이다. 문식 군의 말에 의하면 처음 입학을 했을 때, 같이 입학한 모든 한국인 학생들 문식 군이 1학기를 넘기지 못하고 학교를 그만 둘 것으로 생각했다고 한다. 왜냐하면 문식군은 입학 당시 "Where are you from?"(너 어느 나라 사람이니?)을 못 알아들을 정도로 영어실력이 없었기 때문이다. 심지어 어떤 한국인 학생은 문식 군더러 한국인의 망신이라는 소리까지 했다고 한다. 그런데 어떻게 이런 문식 군은 살아남고 다른 학생들은 학교를 떠나 다른 학교로 가거나 한국으로 돌아가야만 했을까?

"저희가 들어갈 때만 해도 입학하기가 쉬웠어요. 요새는 HSK를 요구하지만 저희가 입학할 때에만 해도 조건부 입학이라고 해서 1학년말까지만 6급을 따면 됐거든요. 그래서 1년간 남개대 어학연수과정을 마치고 입학을 했죠. 중국은 성적에 따라서 반을 나누는데, 물론 저는 제일 성적이 낮은 3반이었죠. 다른 한국인 학생들도 모두 3반이고요. 첫 시간에 교수님이 "Where are you from?"이라고 물어 본 걸 제가 못 알아들었어요. 그래서 한국인 학생들한테 물어봤더니 "어디 사냐고?" 그런다는 거예요. 그때, 제가 기숙사에 살고 있었는데 기숙사도 영어로 몰라서 더듬더듬 중국어로 기숙사라고 얘기했죠. 그러니까 교수님이 또 뭐라고 하셨는데 엉겁결에 "YES!" 그러고 말았고, 교실은 웃음바다가 되었죠. 저도 그냥 웃었어요. 한 마디로 바보가 된 거죠.

안 되겠다 싶어서 한국에서 고등학교를 마치고 온 어린 학생한테 영어를 배우기 시작했어요. 토익이 750점이라나 그렇고 영어를 잘한다고 하고. 보기에도 한국 학생들 중에서는 제일 잘하는 거예요. 1주일에 세 번, 2시간씩 배웠는데 이 어린 학생이 "정말 깡통이네" 이러는 거예요. 이래가지고 무슨 배짱으로 영문과를 왔냐고. 지금이라도 대외한어과로 가는 게 어떠냐. 이러면서요. 모르는 단어라도 있으면 고개를 저으면서 인상 쓰면서,

"형! 학교 다닐 때 뭐했어?"
"어떻게 이런 것도 몰라?"

이러는 거예요. 점심 먹을 때도 자기들끼리 먹고 어디 놀러 갈 때도 같이 가자고 하면 형은 영어단어나 더 외우라고 그러고. 말만 형이지, 완전히 사람취급을 안 하는 거죠. 그렇게 밥도 혼자 먹고, 혼자 도서관에서 공부하고 그러다보니까 자연히 우리 3반 중국 애들과 안면을 트게 됐죠. 웬만한 애들은 저한테 관심도 없구 그랬는데, 청도에서 온 친구가 저한테 잘해줬어요.

청도는 한국기업들도 많이 진출해 있는데다가 북경이나 천진하고는 달리 청도가 작은 도시니까 한국사람들을 접할 기회가

많아서인지 아니면 한국기업에 취직이라도 하고 싶어서인지 저한테 잘해 주더라고요. 알고 보니 이 친구는 어렸을 때, 영어경시대회에서 입상을 했고 그래서 남개대학교에 추천입학을 한거더라구요. 그런데 3반에 있으니 중국 애들 영어 실력이 어떤지 짐작이 가시죠. 제가 솔직히 얘기했어요. 그 친구에게. 나 좀 도와달라. 숙제가 뭔지도 모르겠다. 좀 가르쳐 달라.

돈을 주진 않았구요. 대신 영화 같은 것 같이 보러 가거나 사우나 같은 데 데려가고 그랬죠. 물론 그 어린 학생한테 과외도 계속하구요. 중국 친구가 항상 수업할 때, 제 옆자리에 앉아 주니까 물어 볼 수 있고 또 도서관에서도 같이 공부하고 그랬어요. 그런데 중국은 도서관도 밤 8시에 문을 닫고, 중국인 학생 기숙사는 9시면 전체 소등을 해요. 그러니까 얘네들은 아침 일찍 일어나서 그저 꾸준히 하는 거죠. 저희처럼 몰아치기 뭐 이런 걸 할 수도 없으니까. 외국인 기숙사는 안 그렇거든요. 자기 맘대로니까. 인터넷도 방에서 되고.

그래서 그 친구에게 10시 넘어서 공부하고 싶으면 제 방으로 오라고 그랬더니 한 번 와보더니 좋은지 자주 오더라구요. 마침 그때 저는 기숙사를 혼자 쓰고 있었어요. 그러다가 룸메이트로 일본 애가 들어왔는데, 방에 중국 애들이 오는 걸 싫어했어요. 냄새난다고. 그래서 제가 아파트를 얻고 이사를 나갔죠.

예. 여기가 그때 얻어서 지금까지 살고 있는 거예요. 옮겨야 하는데 이젠 많이 올라서 이 가격에는 여기서 못 살겠더라구요. 월 1,500위엔(18만원)이거든요.

기초영문법하고 중국 애가 소개해 준 중국 영어 참고서하구 단어하구 매일 새벽 2시까지 외웠어요. 아침에는 6시에 일어나고. 마침 제가 군대 제대하고 바로 왔고, 어학연수 때도 아침 일찍 일어나서 공부하고 그러는 건 습관을 들여 놨었어요. 한자랑 같이 외워야 하는 중국어보다는 도리어 영어단어 외우는 게 쉬운 거예요. 매일 저 혼자 쪽지시험 보고….

물론 중간고사는 제가 꼴찌였죠. 당연히 전부 과락이고. 기말고사에서 어떻게든 만회를 못하면 심각한 거예요. 방학해도 한국엘 안 갔어요. 중국친구한테 2학기 때 나갈 부분을 배운 거예요. 자기도 예습하니까 좋다고 그러고. 그러니까 중국어 실력도 많이 늘더라구요. 한국학생한테 영어를 배울 땐, 한국어로 배우잖아요. 그러니까 문법 같은 건 되는데, 독해나 작문, 번역이 안 되는 거예요. 시험이 문장을 통째로 번역하라는 문제가 나오거나, 영어지문을 읽고 작문하라고 나오거든요. 그런데 문법은 괜찮은데, 작문, 독해, 번역은 중국어로 해야 되잖아요? 한국어로 배우면 이걸 다시 중국어론 뭐라고 해야 하나 공부를 해야 하는데 중국어로 배우니까 그럴 필요가 없는 거죠. 여름방학 때 정말 실력이 많이 늘었던 것 같아요. 책도 조금씩 더듬거리면서 읽게 되고.

아, 참 한국에서도 진작 이렇게 열심히 공부했으면 얼마나 좋을까? 이런 생각도 했죠. 개학하고 나서 수업을 듣는데, 원어민이 하는 수업은 아직도 깜깜하지만 독해나 작문 같은 시간에는 그런대로 알아들을 것 같더라구요. 문법은 계속 한국 학생한테 배웠죠. 그런데 지금 생각해 보면 그때, 제가 왕따 당한 게 참 다행이었어요. 술 먹으러 가자는 사람도 없고 그러니까 공부하는 시간에 손실이 없었죠. 여학생들도 있었는데, 사람들이 바보 취급하니까 저랑 사귈 생각도 안하고. 또 목표가 있었어요. 제가 영어 배우는 어린 학생이요. 중간고사에서도 그 학생이 제일 성적이 좋았어요. 물론 한국 학생들끼리요. 저는 아까도 말했지만 꼴찌였고. 그래서 어떡하든 너보다는 내가 시험을 잘본다는 게 목표였거든요. 처음에는 하늘같이 보이더니 방학 끝나고 2학기 들어서는 그렇지가 않더라구요. 제가 아는 단어를 걔가 모르기도 하고. 아무리 영어를 모른다고 어떻게 그럴 수가 있어요. 나이도 5살 이상 차이나는데….

기말고사 성적이 나왔는데, 저만 과락을 면한 거예요. 62점. 한국 학생들은 전부 과락이구요. 제가 성적표 보자마자 그 학생한테 전화를 했어요. 나 62점 나왔다. 넌 몇 점이냐? 놀라더라구요. 그 친구는 결국 한국으로 돌아갔어요. 저한테 졌다는 게 정말 쇼크였나 봐요. 돌아가서 삼수해서 경희대 갔다구 나중에 중국에 와서 그러더라구요. 남개대보다 경희대를 한국에선 더 알아 준다구. 경희대는 북경대랑 계약을 맺고 있어서 자기는 북경대로 갈 거라구 그러면서요. 그 녀석도 저한테 지고 한국에 돌아가서 열심히 공부했나 봐요. 제가 그랬죠. "고맙다. 너 아니었으면 나는 벌써 이 학교 못 다닐 꺼다."

공부에서 자신감을 갖는 것이 얼마나 중요하고, 목표의식을 확실히 하는 것이 얼마나 효과적인 공부방법인 줄을 유감없이 보여주는 예가 문식 군이다. 중국에서는 TOEIC보다 자체 영어능력시험을 더 중요하게 여긴다. 1급부터 6급까지 있는데, 4급을 따야 졸업을 할 수가 있다. 4급을 딴 학생들의 영어실력은 TOEIC으로 환산하면 600점 이상 수준이다. 남개대 영문과에서도 단체로 TOEIC시험을 본 적이 있는데, 1반과 2반의 학생들은 대부분 만점을 맞았다고 한다. 문식 군도 3년간의 영문과 재학중에 TOEIC 900점 이상의 실력을 쌓았다.

　　문식 군은 1학년 여름방학 때 재미를 본 이후에는 한 번도 한국엔 돌아가질 않았다고 한다. 사스 때를 제외하고는. 방학이 되면, 다음 학기를 준비하고 나서는 여행을 간다. 호텔리어가 되려는 문식 군에게 영어공부만큼이나 중요할 게다. 지난 겨울에는 베트남을 거쳐 홍콩으로 가서 심천에서 기차를 타고 돌아왔단다. 올 여름에는 배낭여행을 할 참이란다. 지금까지는 대개 중국여행사의 패키지 여행상품을 이용해 왔는데, 이제 몇 번 안 남은 방학 동안에는 관광지가 아닌 여러 곳을 기차로 다녀 보고 싶단다.

중국의 학원에선 어떻게 가르치나

1_ 북경편 / 유형석(청산학원 상담실장)

학원에서는 각 과목 선생님들과 상담실과의 회의가 수시로 열린다. 회의 중에는 각종 안건들이 쏟아져 나오게 되는데, 선생님들은 강의하는 과목에 치중하여 아이들을 판단하는 경우가 대부분인데, 우선적으로 고려해야 하는 것은 언어능력이다.

우리 학원의 교사 구성비는 수학, 영어 과목의 경우 대부분 한국 선생님들이고, 어문, 역사, 개황, 물리, 화학 등의 과목들은 중국인 선생님이거나 더블강의*인 경우가 많다. 하지만 중요한 점은 누가 강의를 하건 간에 중국대학에서 출제되는 문제를 중국어로 답해야 한다는 점이다.

물론 수많은 유학생들 모두가 언어 장벽을 하루 빨리 넘는 것이 관건이긴 하지만, 학생 개개인이 처한 상황에 따라 학습방

---

* 더블강의: 한국인 선생님과 중국인 선생님이 같은 과목을 2번 수업을 한다.

법은 달라진다. 예를 들어 A라는 학생이 있다고 하자. 이 학생이 중국유학을 결심한 것이 중학교 2학년 때라고 하자. 그럼 이 학생은 향후 5~6년간의 학습계획을 어떻게 세워야 할까? 크게 2가지로 나눌 수 있다.

  – 특례입학을 목표로 하는 경우

부모가 주재원이거나 자영업을 하면서 장기거주 하는 경우에 해당한다. 특례입학은 한국 각 대학의 전형 방법을 확실히 알아두어야 한다.

예를 들어, 고려대의 경우라면 외국 거주는 몇 년 이상인지, 각 증명 서류는 어떠한 것들이 필요한지, 시험은 몇 과목을 치르는지, 가산점은 어떻게 받을 수 있는지 등에 관한 정보가 필요하게 된다. 특례의 경우는 국어와 영어, 수학 그리고 논술이 당락을 좌우하게 되므로, 중국유학에서 얻을 수 있는 것이 약하다고 할 수 있다.

또 해외 거주 기간제한이 있기 때문에 방학에도 한국에 다녀오는 기간은 무척 짧게 잠시 다녀와야 한다.

  – 중국대학을 목표로 하는 경우

우선적으로 중국어에 많은 중점을 두어야 한다. 단, 영어, 수학에 관한 꾸준한 리듬은 이어 나가야 한다는 것이 중요 포인트다. 아이들이 어린 나이에 중국유학을 오고, 중국 학교에 다니게 되면 한국에서 보다 영어, 수학에 대한 강박관념이 흐려지게 된다. 결국 1~2년 이상 영어, 수학을 손에서 놓게 되는 경우가 대부분이다. 물론 중국어 실력은 향상 되겠지만, 막상 입시를 목전에 앞두고는 영어, 수학의 공백을 뼈아프게 깨닫게 된다. 그러니까 반드시 중국어를 처음 시작하더라도 영어, 수학은 그 리듬을 이어가야 한다.

물론 한국에서 공부하던 것처럼 하루에 몇 시간씩 하는 것은 당연히 무리일 것이다. 이때 가장 좋은 방법은 중국어 : 영어 : 수학 비율을 조절하는 것이다. 유학 초기라면 6 : 2 : 2의 비율이 이상적일 수 있고, 중국어 실력이 향상됨에 따라 비율은 비슷해지거나 오히려 역으로 진행되어야 한다.

우리 학원은 학생들이 개인 시간을 할애하지 못하도록 빡빡한 하루일과로 진행되는데, 아침 8시부터 오후 5시까지는 수업 및 보강, 저녁 식사 후, 6시부터 11시까지는 자율학습을 하게 된다. 일요일은 자율학습이 실시되는데, 매주 마지막 주 일요일은 월말고사가 실시된다.

종종 학부모들로부터 학원 측에서 기숙사를 운영해서, 수업 이후까지 통제해 달라는 요청을 받기도 한다. 물론 기숙사를 함께 운영하면 학원측도 편하다. 사감 몇 명을 두고 학생들을 통제하면 되니까 말이다. 하지만 위에서 밝힌 학원의 타임테이블은 절대로 만만한 과정이 아니다. 만약 하루종일 통제 속에서 살다가 잠자는 곳과 기상시간마저 통제당한다면, 한참 감수성이 예민한 학생들이 어디로 튀어나갈지 모르는 것이다.

우리 학원에서 대학 진학을 준비하는 학생들은 크게 2가지

부류로 나눌 수가 있는데, 첫 번째는 한국에서 고등학교를 졸업하고 온 학생들이다.

이 경우는 정말 다양한 학생들이 온다. 대학을 다니다 그만두고 온 녀석, 고등학교 졸업하고 군대 제대하고 온 녀석, 어차피 일류대학 못 갈 바에는 중국에서 최고 명문대학을 가겠다고 온 녀석 등 정말 가지각색이다. 학생들의 최대 약점은 중국어다. 중국어를 공부한 기간이 짧거나 아니면 처음 시작하는 경우가 대부분이라 어문, 역사, 개황 과목 등의 학습에 무척 어려움을 느낀다. 반면 수학, 영어는 최소한 중간 정도는 유지한다. 가장 큰 장점은 입시가 어떤 것인지를 알고 짧은 시간동안 집중 하는 입시생활에 익숙해져 있다는 것이다.

두 번째 경우는 조기유학 학생들이다.

중국어에 단연 강점을 보인다. 그렇기 때문에 어문, 역사. 개황 등 중국어 위주의 과목에서 본인의 노력여하에 따라 점수 획득이 용이하다. 수학, 영어에 약점을 보인다. 유학생활 초기에도 중국어와 함께 영어와 수학도 함께 리듬을 이어나가야 하는데, 대부분 그 부분을 놓치기 때문이다.

결국 입시의 아킬레스건이 되고 따라서 수학, 영어를 무조건 포기하는 경우가 많이 생긴다. 이럴 경우 보다 구체적인 지도가 필요한데, 수학, 영어를 덩어리로 보게 하기보다는 각 부분, 예를 들어 수학의 경우 집합, 함수, 등등으로 나누어서 가장 자신 있게 풀 수 있는 부분은 어떠한 문제가 나오더라도 풀 수 있도록 유도한다. 쉽게 말해서 수학, 영어라는 과목의 범위를 줄여서, 학생들이 100%를 보고 있다면 70%를 확실하게 할 수 있도록 전략을 세워 주는 것이다.

2 천진편 / 박중규(조은학원 원장)

나는 무조건 중국에 온 지 1년 안에 HSK 6급을 따도록 아이들을 가르친다. 초등학교 이상, 졸업하고 온 학생들에게는 예외 없이 적용된다. 그러다보니 스파르타식이다. 아내는 북경대에서, 나는 남개대에서 중문학을 전공했다. 거의 6년여에 걸친 중국에서의 유학생활 그리고 4년여의 학원운영. 중국에서만 중국어를 공부하고 가르치며 중국어에 묻혀 산 지 10여년.

우리 부부가 깨달은 것이 있다면 "매도 먼저 맞는 것이 낫다"는 우리 속담이다. 아이들이 중국어 학습에 대한 의욕이 가장 넘칠 때가 중국에 막 왔을 때다. 공부를 잘하는 아이건 아니던. 이때를 이용해 중국어 공부, 엄격히 말하면 한자(간자체)공부다. 쓰고, 뜻을 알고, 병음과 성조를 맞춰 외워두어야 한다.

우리 학원은 중·고등학생만 가르친다. 대학생이나 일반인이 섞여 있으면 엄격하게 운영을 하기 힘들기 때문이다. 우리 학원의 지도방식이란 기실 한국의 기숙 학원과 다를 게 없다. 한마디로 스파르타 방식이다. 숙제 내주고 외우게 하고, 못 외우면 외울 때까지 잡아두고 외우게 한다. 아직 학교에 입학하지 않은 아이들을 위해선 9시부터 수업이 시작되고, 학교에 다니는 아이들을 위해선 3시 30분부터 수업이 시작된다. 수업이 끝나는 시간은 10시. 학교 기숙사에 있는 아이들은 기숙사로, 부모님이 계신 아이들은 집으로, 우리 학원에서 운영하는 홈스테이에 있는 아이들은 선생님들과 함께 홈스테이로 돌아간다. 20명의 아이들이 학원이 운영하는 홈스테이에서 생활하여 공부를 하고 있다. 혼자서 중국에 왔거나, 중국의 다른 지역에서 사업을 하시는 부모님들이 의뢰한 아이들이다.

우리 학원은 철저히 실력 위주로 반을 편성한다. 중학생이라도 중국어 실력이 좋으면 고교생 반에 들어가서 수업을 듣는다. 고교생이라도 실력이 없으면 중학교 아이들과 함께 수업을 받아야 한다. 영어나 수학 등 타 과목도 모두 그렇게 운영한다. 내가 이런 방식으로 학원을 운영하는 것은 워낙 중국에 유학을 오는 아이들이 성적이나 생활면에서 천차만별이기 때문이다. 거의 영재 수준의 아이에서부터 한국에선 아예 공부를 포기했던 아이들까지.

가끔 한국에 가면 중국에 언제 유학을 오면 좋은지, 또 혼자 오는 게 좋은지 아니면 엄마와 함께 와야 하는지를 상담하는 경우가 많다. 그러면 나는 그 아이가 공부를 잘하는 아이인지 그렇지 않은 아이인지를 묻는다. 공부를 잘하면 부모님이 함께 오는 경우가 좋다고 말한다. 아무래도 자라는 아이들은 부모의 손이 필요하다. 부모님 밑에서 정서적으로 안정된 환경에서 공부를 하는 것이 원하는 북경대나 청화대에 갈 가능성이 높다. 반면 공부를 못하는 아이라면 오히려 혼자 보내는 게 낫다. 물론 우리 학원에 보낼 때의 얘기다.

부모님이 함께 오면, 아이가 자꾸 부모님에게 의지하게 되고 그러면 한국에서 가지고 있던 공부습관을 뜯어고칠 수가 없다.

천진 조은학원은 작년부터 북경대 입학자를 내기 시작했다. 금년에는 북경대 4명, 청화대 4명이 합격했다. 이 가운데 2명은 1학년부터 3학년 1학기까지 조은학원에서 공부를 하다가 2학기 때는 북경청산 학원에서 공부를 했다. 거의 모든 분들이 학부모 중에 1명과 함께 와야 한다고 말하는 가운데 박중규 원장은 혼자서 오는 게 낫다는 얘기를 했다. 나는 좀 안심이 됐다. 꼭 부모와 함께 와야만 한다면, 도저히 그럴 수 없는 환경에 있는 아이들은 중국 유학을 오면 안 된다는 얘기니까. 그래서 좀 엄격하든 어떻든 아직 공부에 취미가 없는 아이들이라도 내가 가르치면 중국 유학에 성공할 수 있다는 박 원장의 말이 나에겐 꼭 장삿속으로만 들리지는 않았다. 한국에도 당장의 공부보다는 아이의 공부습관을 뜯어고치는 데 주력하는 학원들은 얼마든지 있으니까 말이다.

3_ 상해편 / JK아카데미

"이제 중국유학의 패턴도 많이 바뀌어 가고 있습니다. 워낙 중국 유학에 대한 문제점이 한국에 많이 알려지다 보니까요." 상해 JK아카데미 이승숙 본부장의 첫마디다.

"저희는 국제부 학교의 운영에서 학생관리까지 모두 책임을 져요. 사실 어떤 면에서는 부모님들이랑 함께 오는 것보다 저희와 함께 공부하는 것이 결과가 좋을지도 몰라요. 저도 자식을 키우지만 부모님들은 자식이니까 안 되는 부분이 있게 마련이죠. 아직 상해의 복단대학 등은 명문대학이기는 하지만 입학이 어렵지는 않습니다. 물론 조건부 입학이라서 대학에 진학해서 HSK도 취득을 해야 하고, 졸업하기가 어렵죠. 그러니까 저희는 대학에 진학을 해도 책임을 지는 시스템을 앞으로 취하려고 합니다. 중국의 10개 명문대학 가운데 북경대와 청화대를 빼곤 입학이 그렇게 문제가 되지는 않아요. 물론 지금 조기 유학을 오는 학생들의 경우에는 달라질 가능성이 많지만요.

그러니까 학생관리를 통해서 급수나 이런 게 아니라 진짜로 대학에 가서 공부를 따라갈 실력을 만들어 놓는 게 중요해요. 영어만 해도 우리는 회화 위주지만 중국은 작문이나 번역의 비중이 높은데, 이걸 따라가려면 발음도 좋구, 생활영어도 좋지만 우선 단어와 문법이 확실해야 해요. 한국아이들이 중국에 와서 영어를 어렵다고 하는 게 번역, 작문 이런 것이 안 되기 때문이에요. 독해도 물론 잘 안 되는 아이들이 많구요. 우리도 상위 1%에 해당하는 아이들이 유학 온 경우에는 잘하죠. 그런데 현실이 그렇지가 않죠. 사실 1%에 해당하는 아이들이 유학 와서 국제부에 들어가면 손해 보는 거예요. 그런 아이들은 차반에 가서 공부를 해야 하는데, 처음 학교를 잘못 선택하면 그게 힘들어요. 그렇지 못한 아이들은 자기 수준에 맞게 공부를 해야 하구요. 머리에 차이가 있는 것을 어떻게 하겠어요.

뭐, 어떤 식이 좋으냐 하는 것은 딱 뭐라고 말할 수가 없지요. 단지 저희는 부모님의 동반여부, 아이들 수준과 상태, 그리고 경제수준에 맞춰서 부모님들에게 선택할 수 있도록 하죠."

JK아카데미는 관리에 포인트를 주고 있다. 조기 유학생들에 대한 문제가 많이 노출됐고, 물가가 중국에서 가장 비싸고, 학비도 비싼 상해로 유학 오는 학생들은 대부분 가정형편이 부유

한 탓이기도 하다. 상해는 다른 지역과는 달리 학원의 이름에도 유독 아카데미를 많이 쓴다. 과연 중국 최대의 국제도시라는 생각이다. 그런 만큼 유명한 인터내셔널 학교도 많다. 그러다보니 상해는 인터내셔널 스쿨을 졸업한 뒤, 미국이나 영국으로 유학하는 경우도 많다.

북경, 상해, 천진 등 3곳 가운데 어디를 내 아이의 유학지로 택할지는 정확한 라이프 플랜(전 생애 설계)을 세우는 데서 출발한다. 중국을 경유지로 택할 것인지, 경유지로 택한다면 고교를 졸업하고 미국이나 싱가포르 등으로 보낼 것인지, 아니면 중국대학을 졸업한 뒤로 할 것인지에 따라 달라질 것으로 보인다. 상해에서 중·고등학교를 마치고 북경대에 입학하는 것은 돈도 낭비이고 공부도 효과적으로 보이지는 않는다.

입시준비에 가장 많은 정보와 학교 학원 등이 있는 곳은 역시 북경이다. 북경에 있는 대학에 진학하고자 하는 아이들은 대부분 고3이 되면, 중국으로 온다. 물론 상해와 천진도 예외가 아니다. 이 밖에 길림대학이 있는 장춘, 하얼빈 공대가 있는 하얼빈, 그리고 한국인들이 가장 많이 거주한다는 청도의 아이들도 대부분 북경으로 온다. 그러다보니 북경으로 조기 유학생들이 집중되는데, 경제적 여건이나 공부환경 등을 고려하여 지방에서 공부를 하다 고등학교 때 북경으로 오는 징검다리형 유학도 한번 생각해 봄직하다.

하나, 중국을 내 마음의 아이돌로 만들자

"천진 공항에 내려서 시내로 들어오는데 너무 냄새가 나고, 도로 사정도 엉망이고 공기도 안 좋더군요."

어느 중소기업의 중국 현지공장을 방문한 본사직원이 중국의 경제개발구 위원회에서 베풀어 준 환영 만찬에서 말한 중국에 대한 소감이란다. 벌써 8년 이상 중국 현지 공장에서 숙식을 해결하며 사업을 하고 있는 이 중소기업의 오너인 김석규 씨는 통역을 하면서 아연실색을 했단다. 김석규 회장은 한국사람들은 중국에 오면, 꼭 옛날에 일본사람들이 한국에 와서 하던 말을 그대로 하는지 모르겠단다. 중국 때문에 세 끼 밥 먹고, 애들 키우는 줄도 모르고.

김석규 회장은 중국에 유학하고 있는 학생들에 대한 이미지가 안 좋다. 벌써 몇 명의 유학생들을 채용 해보았는데, 어떻게 된 게 직장생활의 ABC도 모르면서, 신입사원 주제에 몇 년씩 근무한 중국사람들을 아랫사람 대하지를 않나… 게다가 놀라운

것은 중국에 대해서 너무 모른다는 것. 중국 거래회사 직원들과
의 식사를 해보면, 별로 먹어 본 중국음식이 없더란다. 왠지 생
활태도만 중국사람들을 닮아 일처리는 한없이 느려 터지고, 신
입사원 특유의 긴장감도 찾아볼 수가 없고. 게다가 입만 열면
월급이 적다는 소리에 지각은 평균 1주일에 1번 툭하면 몸은
아프다고 하고…. 할 수 없이 한국 본사에서 직원을 데려다 1년
씩 중국어 연수를 시켜가면서 현지근무를 시킨다.

　왜 유학생들이 현지의 한국인 중소기업체 오너들에게 이런
인식을 심어 주었을까. 미국이나 일본으로 유학을 간 학생들은
그렇지가 않은데…. 내 생각은 이렇다. 일단 그 나라들은 한국이
란 나라를 잘 모르고, 한국사람들을 무시하는 경향이 있다. 무시
를 안 당하려면 실수를 안 해야 하고 그러려면 항상 긴장하는
생활을 해야 한다. 툭하면 냄새난다는 소리를 듣고, 뻑하면 니네
나라에도 이런 게 있느냐는 질문을 받는다. 삶의 경쟁이 치열한
곳에서 살아남으려면 기를 쓰고 노력하지 않으면 안 된다.

　하지만 중국에선 한국사람이 걸핏하면 냄새난다는 소리를
한다. 중국 땅에 내리자마자 듣는 게 도둑 많다는 소리다. 요기
서 조길 가도 뻑하면 택시를 탄다. 학교를 택시타고 등하교한다.
부자나라 미국 아이들도 그러질 않는데 한국 유학생들은 그런
다. 음식도 입에 안 맞으니까 항상 비싼 한국음식 먹고. 중국사
람이면 꿈에 그리는 싼싱(삼성) 휴대폰에, 아이리버 MP3를 들고
다니며, 한국인이나 조선족이 경영하는 음식점, 사우나 어디서든
중국인이 허드렛일을 하고 있다. 이러다보니 한국사람인 자기들
은 중국인과는 전혀 다른 인간으로 생각하는 경우가 많다. 물론
학교에서 보는 머리 싸매고 공부하는 중국 애들은 애써 무시한

다. 그저 싸구려 옷을 1년 열두 달 입고 다니는 것만 본다.

　　생각을 바꾸자. 진짜 같은 짝퉁을 만들어 내는 중국사람들의 손기술을 눈여겨보자. 그때 그때 다른 중국인의 상술, 불과 30초 후 처음 값의 100%를 할인하면서도 눈하나 껌쩍 않고, 깎아 달라면 "쉐이 랑 워먼 찌아오 팡여우(누가 우리를 친구라 하겠어?)" 하면서 처음 본 사람도 친구라 부르는 사교성을 배우자. 한여름 40℃ 넘는 무더위 속의 버스에서도 아무 불평 없는 중국인의 인내심에 놀라워하자. 자전거, 리어카, 벤츠가 함께 달리는 거리의 다양성을 부러워하자. 두 발 달린 동물은 사람 빼곤 다 먹는 경이로운 적응능력에 감탄하자. 1만 7000㎞를 죽기살기로 도망치고도 항일투쟁의 여정이라고 큰소리치는 당당함을 배우자. 국기 하양식에 천안문 광장을 순식간에 가득 메우는 그 무지막지한 사람 많음을 부러워하자. 이러다 보면 중국이 보인다. 벤치마킹의 대상이 된다. 중국을 좋아하게 되는 것이 중국에서 공부를 잘하게 되는 방법이 된다. 배용준이 좋아서 일본 아줌마들이 한국어를 배우기 시작하듯이.

> ＊ 좋아하는 일을 직업으로 삼아라. 그럼 평생동안 억지로 일할 필요가 없다.
> — 중국속담 —

둘, "요점은 밸런스다"

　　벌써 몇 번째 말하는 건지 계산도 안 되지만, 중국어란 배우기 어려운 언어다. 나 자신 영어, 일어, 독일어를 배웠고 이중에 영어와 일어는 일상생활과 공부를 하는 데 불편이 없을 정도로 구사한다. 영어는 카투사에서 배운 것 가지고 공부도 하고, 일도 하고, 여행도 하고, 일본어는 1년간의 랭귀지 과정으로 불편함이 없었고, 대학원에서는 논문도 불편 없이 썼다. 내 자랑하자는 게 아니다. 그런데 중국어는 벌써 2년째, 아니 배우기 시작해서는 5년째지만 아직도 일상생활과 공부에 사용하기에는 택도 없다. 그저 다섯살배기 어린아이처럼 먹고, 입고, 마시는 생존에 관한 것이나 겨우 해결할 뿐이다.

　　하여튼 내 말의 요점은 중국어는 그렇게 만만한 언어가 아니다. 내 경우에는 일본어 공부를 하면서 한자공부를 했기 때문에 웬만한 생활한자는 읽는 데 무리가 없고, 심심풀이로 읽는 주역과 도덕경 탓에 한문 해석도 초보수준은 면한 상태인데도 이 모양이다. 좌우지간 한자, 병음, 성조 이런 것들을 한꺼번에 해결해야 하는 중국어는 절대 하루아침에 안 된다.

아무리 뺑치는 인터넷 줄광고라도 여태껏 중국어를 30일 안에 해결해 준다는 선전은 못 봤다. 영어의 경우에는 30분 안에 귀를 뚫어 준다는 선전도 심심치 않게 보지만….

그러니까 섣부른 선택과 집중 전략으로 중국어에만 매달리다 보면 아이의 머릿속을 백짓장으로 만드는 수가 있다. 내 경우가 그랬는데, 한참 일본어 공부에 매달리다 보니 쉬운 영어 단어도 생각이 안 나는 것이었다. 1년 동안의 어학연수기간 동안 열심히 공부한 탓에 대학원에 진학해서 일본어로 공부를 하는 데는 그다지 불편이 없었지만 도리어 영어 독해가 안 돼서 애를 먹었다.

다중언어라는 것이 이론은 좋은데 단기간에 쉽게 되는 게 아니다. 인간의 뇌는 컴퓨터처럼 한번 입력된 콘텐츠가 그대로 저장되어 있지를 않는다. 쓰지 않는 콘텐츠는 저절로 휴지통에 갖다 버린다. 시간을 가지고 천천히 공부하는 것 외에는 뾰족한 수가 없다. 수영 배울 때처럼 몸에 힘 빼고 온 몸에 밸런스를 유지해라. 나는 유감스럽게도 들어 본 적이 없지만 한비야 씬 중국에 가서 "칭송 칭송(천천히)"이란 말을 많이 들었단다. "칭 칭송칭송 슈에시 한위(천천히 중국어를 공부하십시오)"다.

셋, 되도록 빨리 임계점을 맞이한다

수영을 배우기 위해선 물 속에 들어가야 한다. 하늘에서 주신 재능을 가지고 태어나지 않은 이상 수영배우기의 기초인 물에 뜨기에는 반드시 거쳐야 할 단계가 있다. 몸에 힘을 빡주든 어떻든 팔다리 허부적거리면서 기를 쓰고 앞으로 나가려는 순간이 있다.

당연히 물을 함빡 먹게 되는데 그 과정을 되풀이하다 보면, 어느 순간 자신이 물에 뜨는 느낌이 든다. 그리고 그 느낌이 자주 찾아와 이윽고 습관이 되어 버리면 비로소 물에 뜰 줄 아는 사람이 된다. 이걸 임계점이라고 한다. 물 흠뻑 먹으면서 허부적거리기를 반복하다 보면, 비로소 자연스러워지는 순간을 말한다.

중국어 공부에서 이 순간을 맞이하기 위해선 조기에 어느정도의 중국어 학습을 집중적으로 할 필요는 있다. 꺽 꺼억 하고 토할 듯이 물을 먹는 순간까지 가지 못하면 중국어의 관문, 아니 모든 외국어 학습의 관문을 넘길 수가 없다. 천진의 박중규

원장이 아이들을 닥달해서 1년 안에 HSK 6급을 따게 만드는게
그 이유다. 빨리 잡으면 잡을수록 자유로워지고 북경청산학원
유형석 실장의 조언처럼 중국어 : 영어 : 수학의 학습 비율을 조
절해 갈 수 있기 때문이다.

올바른 것을 찾기 전에 한참을 기다려야 할지라도, 설사 몇 번의 시도를
해야 할지라도, 용기만은 잃지 말라. 실망을 맞아들일 준비는 하되, 원하
는 것을 포기하진 말라.
　　　　　　　　　　　　　　　　　　　　　　　　－ 알버츠 슈바이처 －

넷, 한국식 공부, 경쟁력 있다

"한국 사람들이 착각하는 게 하나 있어요. 중국 학교의 교육 방식이 한국보다 우수하다고 생각하면 그건 절대 오산이에요. 기본적으로 중국의 교육은 암기식 교육입니다. 우리나라보다 한 시대 떨어져 있습니다. 저희들도 1세대 전에는 그렇게 했습니다. 부모님들 생각엔 그때 자신들은 구구단도 척척 외고, 국사나 지리 같은 것도 틀리는 게 없었다는 기억에서 그때의 교육이 좋았다고 착각을 하는데요. 지금 선진국에서 그렇게 교육시키는 곳이 어디 있습니까? 미국, 영국 다 그렇게 안 시키거든요. 우리 교육 내용이란 게 벌써 수십 년에 걸쳐서 연구해서 만들어 오고 있는 거거든요."

―한국국제학교 교장 김태진―

　내 기억에도 그렇다. 내가 유학을 할 때, 미국이나 일본아이들한테 느낀 건 외우는 걸 좀처럼 못한다는 것이다. 우리 한국 유학생끼리 모여서 맨날 쟤네들 머리가 '돌'이라는 얘기를 했다. 그런데 걔네들이 나중에 시험을 볼 때면 그렇지가 않았다. 일본에서도 매년 유학생을 대상으로 열리는 웅변, 작문대회에서 1등을 하는 건 서양 애들이다. 나 자신은 예선 탈락을 했다. 그들은 우

리보다 독특한 소재를 잘 찾아내
곤 했다.

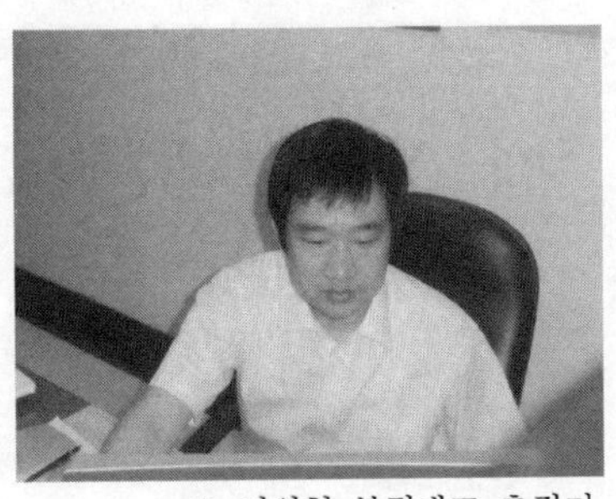

▶ 정원현 북경대교 총경리

　　북경대교의 총경리 정원현 씨
는 중국의 교과서나 참고서를 분
석해 보면, 창의성, 사고력 부분에
서 우리나라에서 만드는 교재보다
많이 떨어진다고 한다. 굳이 좋은 내용의 우리나라 영어, 수학 참
고서를 놔두고 중국책에만 의존할 필요가 있을까? 괜시리 어려운
내용을 붙잡고 외국어로 씨름하게 할 필요가 없다.

　　은정이나 달림이도 중국 교과서와 함께 한국 학습지, 참고
서를 이용해서 공부하기도 했다. 내 경험으로도 한국의 참고서
들은 개념에 대한 설명들이 매우 자세하고 알기 쉽게 되어 있는
장점이 있다. 그리고 어느 참고서나 난이도 면에서 단계적으로
접근하며 심화와 보충학습에 대한 배려도 충분하다. 무엇보다도
모국어인 한국어로 공부를 하니까 진도를 빠르게 나갈 수가 있
다. 한국 참고서로 선행학습을 하고, 중국 교과서를 공부를 하는
것도 효과적인 학습일 수가 있다.

지금 가지고 있는 것으로 현재의 위치에서 최선을 다해라.
— 시어도어 루스벨트 —

다섯, 생활에서 배운다

내가 중국에서 중국어를 배우러 다닌 곳은 사회과학원 내에 있었다. 이곳은 유학생들뿐 아니라 중국 학생들이 영어, 일본어를 비롯해서 여러 가지 실용적 학문을 배우는 강좌가 개설되어 있었다. 중국어반은 100% 한국 사람들이 중국 선생님에게 배우는 체제라서 중국 젊은이들의 생활을 엿볼 기회를 만들기가 힘들었다.

그래서 생각해낸 것이 중국의 푸다오 제도를 제대로 이용해 보기로 한 것이다. 원래 푸다오란 외국인 유학생이 중국인 유학생과 서로 자신의 언어를 가르쳐 주는 것을 말하는데, 영어나 일본어의 경우에는 꽤 활성화되어 있지만 한국어의 경우는 원체 한국어를 배우려는 중국학생들보다 푸다오를 하려는 한국인들이 많아 결국 돈을 내고 배우는 경우가 많았다.

원래 일방적인 관계가 되면 많은 것을 얻을 수 없는 법. 돈 이외에 서로 주고받을 것이 있어야 관계는 깊어지게 마련이다.

중국 대학생들의 영어학습에 대한 열기와 일본에서 만났던 중국 유학생들을 떠올리며 나는 영어반과 일본어반 교무과를 찾아갔다. 한참 이야기가 오간 끝에, 1주일에 2번 1시간씩 회화클래스를 진행하기로 했는데, 각반 4명 정도의 학생들과 내가 중국어로 영어와 일본어를 설명하거나, 학생들이 영어나 일본어로 중국어의 단어 설명을 하면서 그들은 영어와 일본어를, 나는 중국어를 배우는 푸다오를 했다.

그들 중에서 나와 각별히 친분을 맺은 학생이 吳海新(오해신)이란 여학생이었다. 멀리 지앙쑤성 출신의 이 학생은 영어와 일본어를 아주 잘하는 데다 장차 언어학자가 되고 싶은 꿈을 갖고 있었는데, 이 학생과는 시간여

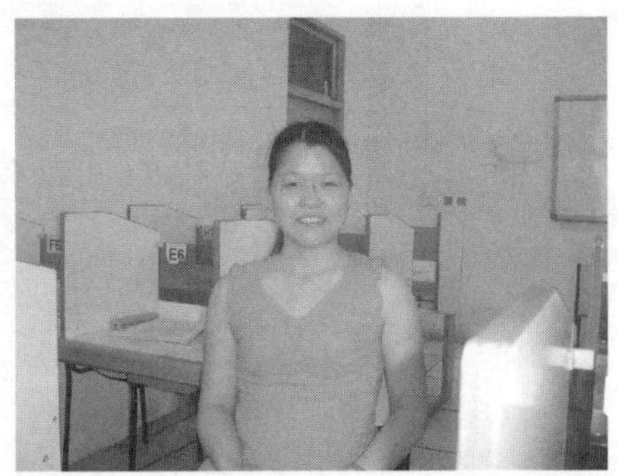

▶ 푸다오 오해신

유가 있을 때나 주말에는 함께 식사를 하거나, 전통거리, 박물관, 기념관, 서점 등을 돌아다니곤 했다. 나는 영어나 일본어 단어를 가르쳐 주고, 그녀는 중국어의 단어를 가르쳐 주며 돌아다니곤 했는데 이렇게 생활 속에서 배운 중국어 단어는 쉽사리 잃어버리지도 않을뿐더러 중국인의 생활을 깊게 아는 좋은 기회가 되어 주었다.

최성남 씨의 경우만 해도 역효과가 나는 "공부해라"보단 만화라도, DVD라도 보면 중국어 공부라고 생각했다. 두 모녀가 중국어로 떤 수다도 어마어마한 라이브 중국어 공부였다. 황신숙 씨는 원체 한국어라곤 사용할 구석이 없는 곳에서 모든 생활

을 중국어로 해결하다 보니 절로 늘었다고 한다.

어학공부란 학교와 책상 위에서만 하는 것이 아니라는 것은 우리 부모들 모두가 알고 있는 것. 주말이면 사방이 볼 것, 먹을 것 투성이인 중국을 버스든, 지하철이든 타고 탐험해 보는 것이 라이브 중국어 회화 공부의 정도인지도 모른다.

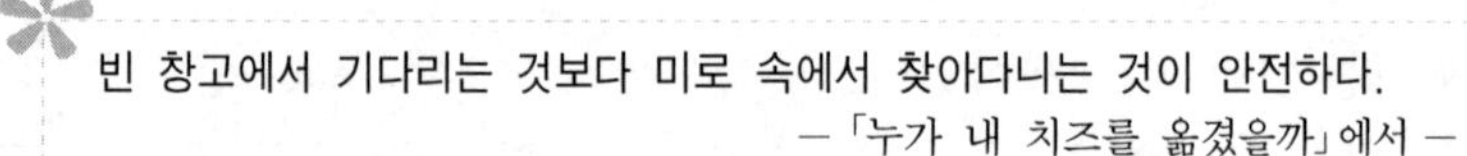

빈 창고에서 기다리는 것보다 미로 속에서 찾아다니는 것이 안전하다.
— 「누가 내 치즈를 옮겼을까」에서 —

3부 생 활(生活)

하느님께서 당신을 어느 곳에 데려다 놓든, 그곳이 바로 당신이 있어야
할 곳이다. 중요한 것은 우리가 무엇을 하느냐가 아니라 그 일에 얼마나
많은 사랑을 쏟고 있느냐이다.
─ 마더 테레사 ─

우리 모두가 공통적으로 '그 일은 참으로 소중한 일이야'라고 생각하는 한 가지가 있다. 바로 아이를 키우는 일이다. 그리고 아이를 키우는 방법에는 수백 가지가 있다. 수백 가지 방법 중에 중국에서 아이를 키우기로 결심한 부모들이 조기유학을 보낸다. 그리곤 조마조마한 하루하루를 보내게 된다.

밥은 먹고 다니는지…
공부는 제대로 하긴 하는지…
집에 오고 싶어하는 건 아닌지…

또 막상 조기유학을 보낼까 마음먹다가도 망설이게 된다.

내 수입으로 뒷감당은 가능한지…
자칫 비뚤어지는 건 아닌지…

　내가 조기유학지를 순례하면서 목격한 중국에서 공부하는 아이들은 대부분 긍정적이었다. 소개하는 이 아이들의 삶을 읽으며 그만 조마조마한 그 마음을 내려놓을 수 있었으면 한다.

용건이가 사는 법

　　용건이는 상해의 화동과기대 부속고등학교에 다닌다. 화동과기대 부속고등학교는 한국으로 치면 과학고에 해당한다. 중국정부가 상해의 푸동지역에 200억원을 투자하여 만든 고등학교로 시설이 웬만한 대학교보다 좋다. 용건이는 이 학교의 기숙사에서 생활한다. 기숙사 방마다 화장실과 인터넷, 전화, 에어콘, TV가 설치되어 있다.

　　용건이는 아침 7시면 일어난다. 김 선생님이 기숙사로 깨우러 오기 때문에 일어나지 않을 수가 없다. 함께 방을 쓰는 정수와 교대로 세면을 한 뒤, 가방을 멘 채로 식당으로 향한다. 오늘 아침은 닭찜, 계란부침, 김치 그리고 콩나물국이다. 가끔 중국식으로 식사가 나오기도 하지만 용건이의 식사는 한국에서 먹을 때와 별반 차이가 없다. 학교에서 고용한 조선족 요리사가 용건이들의 식사를 준비하기 때문이다.

　　8시부터 수업이 시작된다. 국제반에 있는 용건이는 동남아시

아 화교, 일본학생들과 함께 수업을 듣는다. 화동과기대 부속고
는 전 과목이 성적에 따른 우열반이 편성되어 있어, 1시간이 끝
날 때마다 자신의 수준에 따라 이동을 해야 한다. 그러나 용건이
를 비롯한 국제반 아이들은 모두 함께 수업을 듣는다. 아직은 중
국 아이들과 함께 들을 만큼의 실력이 되지 않기 때문이다.

용건이는 영어만은 중국아이들과 같이 듣는다. 어렸을 때부
터 꾸준히 영어회화학원을 다녔기 때문에 영어만큼은 자신이 있
기 때문이다. 그러나 수학이나 어문은 국제반에서 치른 기말고
사에서 재시험통지를 받았다. 3시반부터는 한국선생님들한테 중
국어, 영어, 수학, 과학 등의 수업을 8시까지 듣고 10시 30분까
지는 자습실에서 아이들과 함께 공부를 하는데도 말이다. 한국
에서 워낙 수학공부를 손에서 놓은 탓이다. 자습은 국제반을 운
영하고 있는 한국인 선생님의 자택에서 하고 있다. 국제반 교장
선생님과 한국 선생님들의 숙소인 단독 주택 1층에 있는 자습실
은 학교에서 걸어서 5분거리에 위치한다.

이번 여름방학에도 용건이는 한국에 돌아갈 수가 없다. 국
제반에서 여름방학 동안 2학기를 대비한 특강이 계속되기 때문
이다. 일종의 선행학습이다.
특강은 한국 아이들만을 대
상으로 진행된다. 주말에는
선생님 인솔 하에 아이들과
함께 지하철을 타고 상해시
내 짝퉁시장에 가서 옷을
사고, 군것질을 하는 것이
용건이의 유일한 외출이다.

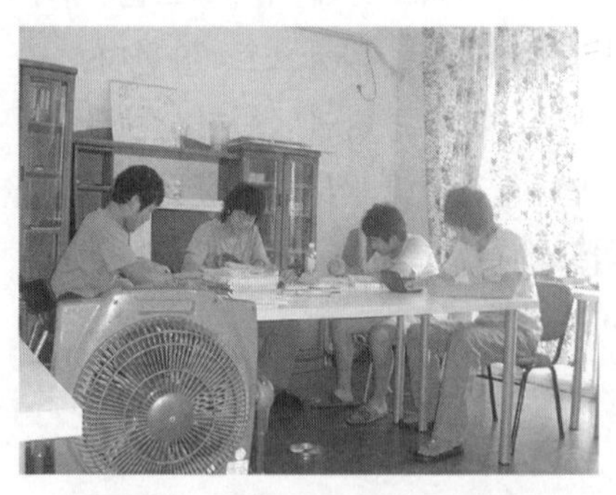

한국PC방은 물론 중국PC방도 20분쯤 걸어서 역 앞에나 가야 있기 때문에 느리긴 하지만 선생님들 숙소에 있는 인터넷을 아이들과 교대로 잠깐씩 한다. 기숙사 방에 인터넷이 설치되어 있기는 하지만 잠잘 시간 외에는 거의 기숙사에 갈 시간이 없다. 아침 7시에 일어나 기숙사를 나오면 10시 30분이 넘어서야 돌아오기 때문이다. 11시부터는 기숙사 전체가 소등을 하고, 인터넷도 할 수가 없다. 잘 수밖에 없다. 작년까지만 해도 유학생 기숙사는 소등이 자유였으나 국제반 교장 선생님이 새롭게 바뀌면서 학교측과의 협의를 통해 중국학생들보다 2시간 늦은 11시에는 소등을 하고 있다.

국제반에서 공부하는 용건이는 중국친구가 아직 없다. 겨우 영어시간만 중국 아이들과 함께 수업을 하기 때문이다. 국제반에서 마련한 한국어─중국어 푸다오 클래스를 통해 중국 대학생들을 만난다. "영어만은…"은 하고 자신 있어 했던 원어민 진행의 영어수업도 따라가기가 벅차다. 작문과 번역에서 고전을 면치 못하고 있다. 뜻을 알아도 중국어를 모르니까 번역이 안 되고, 작문은 중국어를 우선 한국어로 번역한 다음, 다시 영어로 작문을 해야 하니까 항상 시간이 모자란다. 용건이는 만약 전과목을 전부 이렇게 중국아이들과 공부해야 한다면 어쩔 뻔했나 생각을 하기도 한다.

용건이 엄마가 용건이의 학교를 선택하면서 가장 먼저 고려한 것은 용건이의 생활관리다. 장사를 하는 용건이 엄마는 다른 엄마들처럼 아이 뒷바라지를 위해 아이와 함께 중국에 올 형편이 되지 않는다. 그렇다고 특별히 중국에 아는 사람이 있는 것도 아니어서 아이를 맡길 수도 없었다. 유학원에서 홈스테이를 하는 경우도 있었지만 대부분 한국 사람들이 집단으로 거주하는 이른바 코리아 타운 근처라는 것도 마음에 들지 않았다. 아무래도 홈스테이는 아이가 밥을 먹을 때, 눈치가 보일 수도 있고 해서 '한국식 식사가 나오는 기숙사에서 생활은 하되, 생활은 선생님들이 철저하게 관리를 해 줄 수 있는 곳', 이것이 용건이 엄마의 학교선택 포인트였다.

수소문 끝에 찾은 곳이 이곳인데 비용은 2만불 정도로 상당히 비싸다. 그렇지만 국제반 수업이 끝나는 오후 3시부터는 다시 한국인 선생님들이 8시까지 영어, 수학, 중국어, 과학 수업을 한다는 것이 마음에 들었다. 이후에는 선생님들의 지도 하에 자습실에서 공부를 한다.

학교가 시내랑 멀리 떨어져 있어서 아이가 밤늦게 시내에 나오거나 할 염려도 없을 것 같았다. 이제 용건이를 중국에 보낸 지 6개월. 아직까지는 보내기를 잘한 것 같다고 한다. 용건이가 한국에 있을 때도 장사를 하느라 아이를 돌볼 시간은 사실 거의 없었다. 학교가 끝나면 학원으로 학원이 끝나면 다시 다른 학원에 가도록 했을 뿐이다. 간혹 학원에서 아이가 안 온다는 전화가 오면 야단도 치고 그랬지만 먹고 사느라 옆에 있어 주지도 못하는 엄마 입장이 용건이에게 너무 미안해서 그때뿐이었다.

그러다보니 성적도 별로 좋지가 않았다. 다행히 유치원 때부터 꾸준히 보낸 영어는 그런대로 하고 자신도 있어 하니까 중국에 보내서 중국어라도 배워두게 하면 제 앞가림은 할 수가 있지 않을까 싶은 마음에 유학을 보냈는데 선생님들을 형처럼 따르고 전화통화 할 때마다 만족해하는 것이 "잘 했다" 싶은 것 같단다.

요즘은 용건이가 다니는 국제반처럼 국제반 수업이 끝나면 한국 선생님과 중국 선생님들에게 다시 수업을 받게 하고 10시 이후에야 기숙사로 보내는 곳이 늘어나고 있다. 이른바 학교/생활관리 일체형이다. 용건이가 다니는 학교는 물가가 중국에서 제일 비싼 상해에 위치한데다 한국의 입시학원에서 강의 경력이 있는 선생님들이 학생들을 가르치는 관계로 비용이 비싼 편이지만 생활관리까지 책임지면서 조선족 선생님들을 채용한다거나 해서 비용이 저렴한 곳들도 있다.

천진의 수재학교 같은 곳은 영어, 수학 외에 연극, 미술, 음악, 체육까지도 국제반 수업에 편성해서 진행을 하면서 아이들의 인성을 기르도록 하는 학교들도 생겨나고 있다. 지나치게 기능적인 면, 그러니까 중국어나

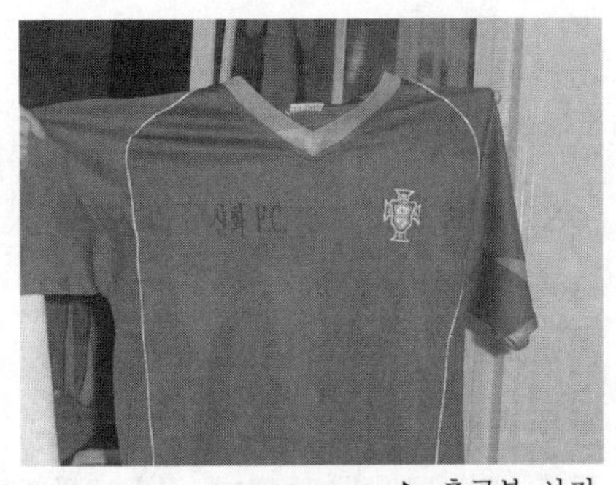

▶ 축구복 사진

영어, 수학에만 매달리다 보면 청소년기에 아이들이 가져야 할 협동심이나 남에 대한 배려보다 지나치게 경쟁심이나 개인주의적인 성격을 가질 수도 있다는 판단에서란다. 성공하기 위해서는 공부 외에 인성도 매우 중요하다. 신화 중학교 국제반에서는 축구팀을 만들어 중국 학생들과 일주일에 한 번씩 축구 시합을 하면서 중국 아이들과 만남의 장을 만들 뿐 아니라 아이들에게 협동심을 키워 주기도 하고 있다.

'짠돌이' 강수의 중국에서의 자취생활

　　강수는 고등학교를 졸업하자마자 중국으로 왔다. 원래 공부에는 취미가 없었다. 미달되는 전문대학을 가느니 중국으로 유학을 가기로 맘을 먹었다. 강수네 집은 넉넉한 편이 아니다. 그래서 다른 아이들처럼 홈스테이를 하거나 기숙사에서 생활할 생각은 하지도 못한다. 목돈을 들여 아파트를 얻어 생활할 정도의 돈도 가져오지 못했다. 단기여행자들을 대상으로 하는 민박의 쪽방에서 장기투숙하고 있다. 한국의 고시원만한 크기다. 침대 하나와 옷장이 있을 뿐이다. 방 하나를 3개로 쪼갠 방이라 창문도 없다. 워낙 방값을 싸게 하느라 빨래도 직접 하고, 밥도 자기가 직접 해먹어야 한다.

　　물론 코리안타운에 있기 때문에 먹는 문제에 대해서 걸리는 것은 없다. 아침은 대개 굶고 학원엘 온다. 학원에서 운영하는 버스를 타고 다니기 때문에 버스비도 들지 않는다. 9시에 시작하는 학원 수업 2개를 듣고 나면 12시. 점심시간이다. 학원버스를 타고 쪽방으로 돌아와 라면을 끓여 먹는다. 한국 식품점에서 사는 한국산 신라면은 비싸기 때문에 중국의 슈퍼마켓에서 파는 중국산 신라면에 고춧가루를 넣고 끓여 먹는다. 점심을 먹고 나면 대낮에도 밤처럼 깜깜한 방에 들어가 낮잠을 잔다. 중국 사람들에게서도 점점 없어지는 오수(午睡)*가 어느새 강수의 습관이 되어버렸다. 한잠 자고나면 2시. 강수는 가방을 챙겨 다시 학원버스를 타고 학원으로 온다. 자습실에서 오전에 배운 내용을 복습한다. 공부가 되든 안 되든 5시까지는 자습실에 앉아 있는다.

　원체 한국에서부터도 공부라곤 안 했던 강수로서는 앉아 있는 자체가 고역이다. 좀이 쑤셔서 환장할 지경이다. 그런데 원장 선생님이랑 약속을 해서 어쩔 수가 없다. '2시부터 5시까지 자습실에 앉아 있는다'는 것이 원장 선생님과의 약속이다. 만약 그렇게 안하면 다음 달부터는 등록을 못하게 하겠다는 것이 원장 선생님의 엄포다. 학원에서 중국체류비자도 해결하고 있는 강수로서는 원장선생님의 엄포가 꽤 위협적이다.

　"사실 한국에 있을 때부터 공부하는 습관이 전혀 안 돼 있는 아이에게 무조건 공부만 하라고 해서는 소용이 없어요. 이런 아이들은 오히려 한국에서 한자급수부터 착실히 공부하고 온 조기유학생들보다도 한자실력도 없구요. 중국어라는 언어를 이런 상태에서 시작한다는 게 굉장히 고통스럽습니다. 앞으로 4년의 대학생활을 하다 보면 어떻게든 중국어는 되겠죠. 강수에게는 대외한어과를 가라고 했으니까 중국어는 대학에 가서 배워도 늦지는 않습니다. 문제는 공부하는 습관입니다. 우선 자리에 오래

---

* 오수: 중국에서는 점심시간 후에 낮잠을 자는 것이 일반적이다. 그래서 상점들도 12시부터 문을 닫았다가 2시 이후에 다시 문을 열고, 영업을 시작한다.

앉아 있는 습관부터 들여야 합니다. 단어가 머리 속에 들어오든 안 들어오든 우선 책을 계속 붙잡고 있다는 게 중요하죠." 강수가 껌뻑 죽는 원장 선생님, 조준민 씨의 말이다.

강수는 조준민 씨의 말대로 함께 공부하는 조기유학생들보다도 중국어를 못한다. 선생님이 무엇을 물어보는지도 몰라서 같이 공부하는 아이들이 통역해 주는 경우가 많다. 강수를 담당하는 중국어 선생님은 한번 더 초급과정을 들으라고 충고한다. 강수는 자존심이 상해 거절했다. 조준민 원장은 회화위주의 초급과정을 강수에게 추천했다.

강수가 중국에 온 지 벌써 3개월이 넘었지만 중국사람들과 대화를 해본 건 몇 번 되지 않는다. 담배가게에서 "중난하이*" 하고 담배이름을 말하거나, 가끔 택시에서 "홍칸**" 하고 얘기한 것이 전부다. 제일 길게 중국인과 얘기한 것이 얼마 전 전자상가에 가서 텔레비전을 살 때였다. 비록 "쩨이거 피앤 이디알(이것 좀 싸게 해주세요)", "짜이 이디알(좀 더 싸게)" 정도였고, 알아들은 말도 "뿌 싱(안 돼요)", "짜이 라이(또 오세요!)" 정도지만 흥정을 해서 텔레비전을 사고 나니 비로소 중국에 온 느낌이 따-악 든단다.

지금까진 술을 먹어도, 밥을 먹어도, PC방을 가도 전부 한국인이나 조선족이 하는 곳이었지, 코리아 타운을 벗어나서 물건을 사본 적도 없었는데 드디어 코리아 타운을 벗어나서 중국

---

* 중난하이: 중국의 지도자들이 집단 거주하는 곳을 말한다. 북경에 있다. 이곳의 이름을 본 따서 만든 담배로 고급담배에 속한다.
** 홍칸: 천진시의 코리안타운.

인들과 흥정을 해서 물건을 산 것이다. 자꾸 중국인들과 부딪쳐서 말을 해야겠다고 생각하고 있던 차에 원장 선생님이 회화 수업을 들어 보라고 권했다. 열심히 들어 볼 생각이다.

강수의 유학생활이 성공할지 어떨지는 아직은 모르겠다. 그러나 적어도 쓸래야 쓸 돈이 없는 강수. 아르바이트도 할 수 없는 중국에서 강수가 '잘못된 유학'을 할 가능성은 없다. 실업고를 나온 강수. 지금 한국에 있었다면 어땠을까. 정원미달 된 지방의 전문대학에 다니고 있을 것이다. 아르바이트하고, 친구들과 술도 마시고, MT도 가고 재미있는 시간을 보내고 있을 것이다. 한편으론 전문대학에 다니는 대부분의 아이들이 그렇듯이 4년제 대학으로의 편입을 준비하고 있을지도 모른다. 아니면 중국에나 갈까 하는 생각을 하거나….

벌써 여름방학에 중국에 왔다 갔을지도 모른다. 그 흔한 중국대학과의 교환학생제도나 자매결연을 맺지 않은 대학은 없으니까. 적어도 강수는 이 아이들보다는 6개월은 앞섰다. 어쭙잖게 실용영어과, 실용일어과, 실용중국어과에 다니는 것보단 강수같이 짠돌이 유학을 하는 게 낫다. 중국 현지의 국제학교에서 공부한 은정이가 남개 실험학교로 전학 가서 중국어로 아이들과 대화를 못했을 정도니까 현지에서 공부하는 것이 얼마나 중요한지 실감을 할 것이다.

엄마는 엄마대로,
딸림이는 딸림이대로 '휴—'

– 모두 어딜 갔지?

어느 하루 학교에서 어문수업을 100석 강당에서 한다고 했다. 원래는 친구들과 함께 이동하려 했는데 내가 깜빡 반에서 책을 하나 덜 챙겨와서 다시 돌아와 책을 들고 뒤늦게 나갔다. 100석 강당으로 짐작되는 곳을 이미 알고 있어서 문제없을 거라고 생각했다. 이럴 수가, 이동한다는 강당에 갔더니 아무도 없다. 또 다른 강당에 가도 없다. 이십분쯤 찾아다니다가 교정 벤치에 앉아 쓸쓸해졌다. 기다리다 보니 수업 끝나는 종이 쳤다. 다들 어디 갔을까? 그 다음 수업시간에 다시 만난, 누구보다 정말 반가운 반아이들이 나에게 어디 갔었냐고 묻는다. 난 다시 되물어봤다. 어디에서 했니? 맙소사, 내가 찾아갔던 강당은 300석, 700석의 강당이었다. 이렇게 많은 강당이 있는 줄도 몰랐거니와 100석 강당의 위치에 강당이 또 있다는 사실도 몰랐던 것이다. 괜시리 서글퍼졌다. 아이들에게는 대충 둘러댔다. 이렇게 반타의적으로 학교에서 첫 땡땡이를 치게 될 줄은 몰랐다. 담임 선생님이 어문선생님이다. 쉬는 시간에 나를 따로 찾으셨다. 무슨 일이 있던 거냐고, 우물쭈물 대답했다. 사실은 교실을 못 찾았어요. 계속 찾았는데…, 말꼬리를 흘리자 선생님이 미소로 회답해 주셨다. 선생님은 한국학생들간에 무슨 일이 있어서 거기 참여하러 간 줄 알았단다. 대신 점심시간에 날 불러서 따로 그 시간에 배웠던 진도를 설명해 주셨다. 당연히 못 알아듣겠는 수업이겠지만 정말 열심히 들었다. 조금 알아듣는 것이라도 정말 기뻤다. 아직도 기억난다. 서지마의 시 '안녕, 케임브리지' 비록 짧은 점심시간 그 동안 배운 것이지만 그 단원, 정말 잊지 못할 거다. 2학기부터는 좀 정신 차리고 수업시간에 참여할까 했더니 역시 쉽지 않다. 그러다 갑자기 사스가 터졌다.

  — 친 구(親舊)!

   중국친구들과 말이 안 통하다 보니 점점 성격은 소극적으로 변해 갔다. 그들이 무슨 말을 나에게 하는데 그것을 못 알아듣는 것이 두려웠다고 해야 하나. 어쨌든 그래서 학교생활은 처음 생각했던 것과는 달리 적응하는 데 시간이 걸리기 시작했다. 그 시기의 비상구가 바로 같은 학교에 다니는 한국인 친구들이었다. 우리 학년에 있던 열 명의 친구들, 처음에는 모두 다른 반이라 존재조차도 몰랐지만 정말 급속도로 친해졌다. 개중에는 중국에서 오래 생활한 친구도, 나와 비슷한 친구도 있었지만 그저 말이 통한다는 이유로 훨씬 빨리 가까워졌고 결국 학교에서도 그 친구들과 주로 어울리게 되었다. 대신 스스로 다짐은 하나 했다. 학교에서 반 활동이 있으면 그것에는 열심히 참여하기로. 결국 6개월간의 시간은 학교에 적응만 하고 지나갔다. 학업은 솔직히 말하면 전혀 따라가지 못했다. 생각보다 길어진 적응 시간에 걱정도 되었지만 '나에겐 남은 시간이 있다'라는 생각으로 무시했던 거 같다. 그렇게 보냈던 고1의 반(半)학기. 그나마 크리스마스가 끼어 있어서 중국친구들과 그나마의 관계를 발전 시킬 수 있었다. 갑자기 의욕이 불타올라 반 전체에 조그만 수제 크리스마스 카드를 돌렸다. 나중에 학년말에 알게 된 사실이지만 반 친구들은 그 일을 계속 잊지 못하는 것 같았다.

－ "너 발전했어"

일년이라는 시간 동안 늘어난 나의 의사소통 능력 덕택에 최소한 1학년 때보다는 말이 많아졌고 친구들과 즐겁게 어울렸다. 2학년의 중간쯤 앞뒤로 앉은 친구들끼리 우스갯소리를 했다. 그냥 우스워서 작게 웃었는데 그 중 한명이 과장된 말투로 나에게 얘기 하는 것이었다. "너 발전했어!! 예전엔 이런 소리 해도 아무런 반응도 없었는데!" 그랬다. 그렇게 슬슬 중국어 실력도 늘어 가고, 중국생활에도 적응해 가고 있던 거였다.

게다가 2학년 때는 학교축제와 새해행사인 장기자랑 등, 행사에 참여할 기회가 비교적 많았다. 내가 도울 수 있고 할 수 있는 건 함께 참가했다. 자연히 친구들과 가까워지게 되었다. 그리고 2학년이 되면서 문과를 비교적 많이 택한 한국친구들이 주로 3개의 문과반에 골고루 퍼져서 교류가 더 활발해졌다는 것이다. 1학년 때와 다른 것이 있다면 이번엔 우리끼리만이 아닌 옆 반 중국아이들도 우리반 중국아이들도 한국인 친구를 모두 함께 알게 되었다는 것이다. 다른 반에 놀러가서 그 반 아이들과도

이야기를 할 수 있게 되어 학교에서 생활은 정말 시끌시끌했다. 눈이 많이 온 겨울 학교에 함께 모여 한 눈싸움, 중국친구의 반주로 합창한 마법의 성 등, 2학년 때의 기억을 되살려 보면 가장 고등학교 생활의 꽃이 아니었나 싶다.

"합격을 했으니까 좋은 추억이겠죠?" / 최성남

— 통학하기

유학원에서 우다오커우* 동왕장에 집을 얻어 주었다. 우리보다 며칠 앞서 온 예비대학생과 같이 집을 쓰기로 했다. 동왕장에서 아이의 학교까지는 교통이 불편했다. 20분을 걸어서 버스를 타고 15분 중간에 갈아타고 5분 그리고 내려서 다시 5분을 걸어야 했다. 통학에 거의 한 시간이 소요됐다. 딱 사흘을 같이 등하교를 했다. 말이 안 되는 아이가 중간에 잘못 내리기라도 하면 큰일이니까. 우리네 60년대처럼 붐비는 버스를 타고 내리는 일도 고역이었다. 만일을 대비해 종이쪽지에 승하차에 필요한 몇 마디 말을 써주고 들고 다니며 외우게 했다. 중국어 실전이 시작되는 순간이었다.

한 달이 채 안 되어 아이가 버스에서 가방 안에 넣어둔 지갑을 잃어버렸다. 중학 졸업 선물인 지갑보다도 몇푼 돈보다도 소중한 친구들의 사진을 잃어버렸다고 밤새 훌쩍이던 아이는 다음날부터는 걸어 다니겠다고 고집을 부렸다.

---

* 우다오커우: 북경대, 어언대, 지질대, 청화대, 과기대 등 대학들이 모여 있는 학원로에서 제일 가까운 지하철역이 있다. 주로 대학생들이 거주하며, 약 3만 명 이상이 밀집 거주하는 코리안타운이기도 하다.

택시 태우기도 겁나고 두 시간을 걸을 수도 없고 어르고 달래서 버스를 한 코스만 타기로 했다. 내려서 또 20분을 걷기로 한 것이다.

유학원에 불평을 했더니 같은 학교 학생끼리 그룹을 지어 택시 합승하는 방법도 있다고 알려 주었다. 그러나 이미 그룹이 다 짜여 우리 아이가 낄 자리는 없었고 어쩌다 결원이 있는 날 몇 번 합승하여 등하교하기도 했다 심한 황사가 불어 한치 앞을 볼 수 없던 날은 선생님이 택시를 함께 타고 집까지 데려다 주기도 했다. 고맙기 그지없었다. 그런 속에서도 아이는 큰 불평 없이 즐겁게 학교에 가는 게 그나마 다행이었다.

학교 옆에 집을 얻어 통학이 편한 아이의 친구들을 보며 다음 학기는 학교 옆으로 이사를 해야지 마음먹었다.

― 밥 먹이기

한국과 달라 학교가 일찍 시작된다. 7시 반에 시작되는 학교생활에 맞추어 6시 반에는 집을 나서야 한다. 그러니 아침은 거의 안 먹게 된다. 우유 한잔 마시고 가면 12시 점심까지 그냥 굶는다. 점심은 학교가 제공한다고 해서 내가 편하겠다고 생각했더니 음식이 입에 맞지 않는다고 도시락을 싸달라고 한다. 중국 음식은 차츰 적응해 가기로 하고 도시락을 매일 싸기로 했다. 싸준 도시락을 들고, 근처 친구집에 함께 가서 먹는다고 했다. 그런대로 점심시간은 즐거운 것 같았다.

기타 다른 학생들은 어떻게 하나 했더니 학교 근처의 간이식당에 가기도 하고 기숙사 식당에 가서 먹기도 한다는데 비교적 긴 점심시간에 탈선의 길로 들어서는 경우도 많다는 얘기가 있어 점심시간 관리에도 신경이 써졌다.

　나중 얘기지만 정식 고등학생이 되고부터는 식사문제로 걱정한 적은 없었던 것 같다. 도시락도 싸지 않았다. 입학한 직후부터 학교 급식을 중국 아이들과 똑같이 먹었다. 한끼당 5원 한 달에 120원 정도면 점심이 해결되었으니 무척 경제적이기도 했다. 그 후로 급식이 지겨우면 가끔 친구들과 어울려 학교 근처 식당에서 사 먹기도 하고 빵집에서 샌드위치를 먹기도 했는데, 친구 사귀는 시간이 되기도 했다.

　－ 친구 만들기

　이 학교에 와서 가장 다행스럽게 느낀 점은 단짝 친구를 만났다는 사실이다.

　공교롭게도 서울에서도 같은 동네에서 중학교를 다닌 처지라 급속히 가까워져 단짝이 되었고 같이 한 학기를 다니고 또 나중엔 함께 북사대 이부중에 입학이 되었다.

　남학생 여학생 할 것 없이 같은 한국 학생들이란 점에서 아이들끼리 서로 많이 도우며 친하게들 지낸다는 점에서 일단 안심은 되었다. 그러나 누구나 꺼리듯이 중국에 와서도 중국어를 말할 기회는 잃어버린다는 점에서 바람직하지만은 않았다. 하지만 일단 낯선 환경에서 정서적으로 안정될 수 있다는 점에서 교우관계는 절대 무시할 수 없는 요소다.

　중국 친구가 있으면 좋겠다는 생각이 들어 같은 학교의 한 여학생을 소개, 사귀도록 해주었으나 모자란 언어능력 탓에 서로 친하게 지내지는 못했다.

균동이의 내 집 같은 홈스테이

내가 유학을 갈 때는 대학을 졸업하고 나서인데도, 온 가족이 공항에 따라 나왔고 여자친구는 이제 못 보기라도 하는 양 울먹이기도 했다. 그런데 이제 열서너 살의 어린 아이들이 혼자서 유학을 가는 세상이 되었다.

아이의 미래를 위해서라고는 하지만 혼자 보내는 엄마, 아빠의 심정을 그저 '이해한다'고 말하기에는 너무나 부족하고 그렇다고 가슴이 찢어진다고 말하기도 겁난다. 탁 말해 놓고 나니까 내가 눈물이 날 것 같으니 말이다. 물론 내 눈물이야 인간극장을 보다가도, 하다못해 골든벨을 보다가도 열심히 노력하는 아이들, 응원하는 아이들이 대견하고 장해서도 흘리는 눈물이니까 오버스럽기는 하지만 말이다.

　　일단 아이들을 유학 보내고 나면 아이의 미래를 위해서라는 대의는 잊어버리고 먹는 것, 자는 것 걱정이 앞선다. 그런데 걱정만 한다고 해결이 되는 것이 아니니까 애당초 내 아이처럼 돌봐줄 그런 곳을 찾아 맡기는 게 상책이다.

　　균동이처럼 주변에 알고 있던 사람들 중에 제 자식처럼 돌봐 줄 사람들이 있다면 그건 행운이다. 대부분은 중국 유학을 대행하는 곳에서 알선해준 곳으로 가게 마련이다. 또 이렇게 많은 사람들이 중국에 조기유학을 가다보니까 주변에 수소문해 보면 사돈의 팔촌 가운데 하나쯤은 중국에 안 가 있는 사람들도 드물기는 하다. 그런데 웬만한 사이가 아니면 나중에 아이 보내 놓고 한숨만 푹푹 쌓이는 경우가 생기게 된다.

　　북경에는 학부모자원봉사회라는 곳이 있다. 하도 아이들 학교 문제 때문에 고생한 어머니들이, 자신들이 얻은 경험과 노하우를 처음 유학 오는 어머니들에게 소개도 하고, 힘을 모아 터무니없이 비싼 학교 등록금 문제, 학교 측의 무성의 등을 해결하고자 만든 단체이다. 또한 천진에는 청개구리회와 같은 청소년 문제를 상담하는 NGO 단체들도 있다. 되도록이면 객관적인 입장에서 홈스테이를 소개해 줄 수 있는 사람들을 만나 신중하게 골라야 아이도, 엄마도 가뜩이나 불안하게 시작한 유학 생활에서 밥 걱정, 잠자리 걱정을 덜 수가 있다.

왕징(望京)의 조선족 학교 교장 선생님

비용 때문이거나 혹은 생활에서 중국어를 사용할 수 있다는 이점 때문에 조선족 동포들이 운영하는 홈스테이를 찾는 경우가 있다. 확실히 여러 도움을 받을 수 있는 게 사실이다. 문제는 문화적 충돌이 크다는 것이다. 나 자신 조선족 동포가 운영하는 민박집을 유학지 순례(?)기간 동안 여러 차례 이용을 했는데 확실히 문화적 충돌의 소지는 있다. 민박집이야 성인들이 잠깐 잠깐 중국에 머무는 동안 이용하는 것이고, 기본적으로 빨래와 식사 정도만 해결하면 되니까 큰 문제가 없지만 조기유학이라면 신중할 필요가 있다. 학원이나 학교에서조차 조선족 선생님들하고 문화적 차이 때문에 문제가 생기는 경우가 다반사이기 때문이다.

물론 한국에서 유학 온 아이 가운데 조선족 동포들이 다니는 학교에 다니는 경우도 있었다. 혼자 유학 온 이 아이는 기숙사 생활을 하고 있었다. 조선족 동포들이 많이 진학하는 길림대학은 중국의 985공정*의 9개 중점 대학에 속하며, 조선족 동포의 자녀들이 조선족 학교에서 공부를 해서 북경대나 길림대에 진학하는 경우도 있으니까 조선족 학교에서 공부하는 것이 전혀 이상할 게 없다. 오히려 중국학교와는 달리 한국 유학생들한테도 예외를 두는 법이 없이 엄격하게 지도한다는 점에서는 권장할 만도 하다. 이미 연변에 있는 백산학교의 국제반에는 많은 조기유학생들이 진학을 하고 있기도 하다.

이런 까닭에 길림의 반석중학교 교장을 정년퇴임 하고, 북경의 코리아 타운 왕징에서 한국의 조기 유학생을 대상으로 홈스테이를 준비하는 김석준 선생님을 만나 조선족 학교의 운영실태를 들어봤다. 반석고등학교는 서울의 청량 중·고등학교와 자매 결연을 맺고 있어 서울에도 여러 번 방문한 적이 있다고 한다. 무슨 인연인지, 청량중학교는 내 모교이기도 해서 선생님과의 인터뷰는 순조로웠다.

"아침 6시에 전교생이 기상을 합니다. 그렇죠. 전교생이 기숙사 생활을 합니다. 세면을 하고 6시 30분에 운동장에 모여 체력단련을 합니다. 7시부터는 식사를 하고 7시 30분에 수업이 시작됩니다. 8시 이전에는 원래 하지 못하게 되어 있는데, 조선족 학교에서는 다 그렇게 합니다. 부모들도 그걸 좋아하구요. 일단 5시에 수업이 끝나는 데 6시에 저녁식사를 마치고 6시 30분부터는 다시 자습이 시작됩니다. 입시에 대비해야 하니까 쉴틈이 없지요. 담임선생님이 감독을 하죠. 9시 30분에 자습이 종료되고 10시엔 전체가 소등합니다."

들어보면, 꼭 군대생활을 하는 것 같다. 이런 학교를 다니다

---

* 985공정: 2000년 쟝쩌민 전 주석 시절부터 시행되고 있는 중국 대학의 개혁 정책.

보면 저절로 규칙적인 생활이 아이들의 몸에 밸 것 같다. 부모들이 반겨할 만한 곳이다. 그런데 유감스럽게도 조선족 중학교에서는 유학생들이 졸업장을 받을 수 없는 곳들이 많다. 일반적으로 교육위원회의 비준을 받은 학교만이 졸업장을 받고 그래야 대학에 진학할 수가 있는데 여러 가지 이유 때문에 교육위원회에서 대부분의 조선족 학교들에게는 비준을 내주지 않는다고 한다. 비준을 받은 학교가 바로 연변에 있는 백산학교다. 그래서 현재까지는 대부분 초등학교 과정만 조선족 학교에 다니고 있다.

만약 조선족 동포에게 아이를 맡기고 싶다면, 김 선생님처럼 교직 경험을 가진 분들을 선택하는 것이 좋다. 전학, 입학 등의 학교선택이나 학교 선생님과의 상담 등에 도움을 얻을 수 있다. 또한, 정확한 표준 중국어를 사용하고 성조를 그때그때 바로잡아 줄 수 있어 아이들의 중국어 공부에도 도움이 된다.

사랑하는 아들 희석에게

　이번 달 12일에 군대를 간다고 생각하니 새삼 가슴이 메이는구나.

　아빠가 매일 매일 이곳에서 중국 학생들을 가르치고 있지만 넌 항상 중·고등학생으로만 생각되었는데 벌써 국방의 의무를 감당할 나이가 되었다고 생각하니 한편으로는 시원하고 또 한편으로는 섭섭하단다.

　1998년 여름 그 해는 유난히 덥고 먼지도 많았지. 중3 시절 그 예민한 사춘기 시절에 본인의 의사는 묻지도 않고 부모들의 희망사항으로만 이곳 중국 연변 땅에 왔을 때 얼마나 힘들었는지를 생각하면 정말 미안하구나.

　처음 중국 연길시 제4중학교인 한족학교에 널 집어넣고 왔을 때 음침한 중국 학교 분위기에 질렸지만 혹시 네가 학교에 안 간다고 할까봐 애써 태연하려 했던 기억이 새롭구나. 그 날 너는 학교를 파한 후 얼굴이 상기되어 집에 들어와 후다닥 화장실로 달려갔지. "처쉬 짜이 날(화장실이 어디지?)" 한 마디만 했으면 될 일이었는데….

입학 후 한 달쯤 되었을까? 학교를 방문하였을 때 네 짝이 자연스럽게 자기 웃옷 밖 주머니에서 중국산 담배를 꺼내 이 아빠에게 진지하게 권하던 일 생각나니? 너나 나나 당황해서 한동안 서로 말없이 안절부절 바라보다가 그냥 웃고 말았고. 그렇게 너의 중국 생활은 시작되었지.

학교 정문을 잠가 버리는 너희 학교지만 넌 매일 학교에서 하루 종일 조는 것이 지겨워서 높은 학교 담장을 넘어 근처 PC방에 가다가 아빠에게 들켜 복도에서 너를 정신없이 때렸던 것, 희석아! 이 아빠를 용서해라. 넌 나중에 울면서 엄마에게 말했다지?

"저도 모르게 어느 틈엔가 내 발길이 이미 PC방에 다다랐다고."
"너도 그런 너 자신을 모르겠다고…."

그 날 이후 너와 난 소원해졌고 넌 가족을 떠나 천진으로 갔지.

그곳 천진에서 1년, 북경대나 청화대에 보내려면 북경에서 공부를 시켜야겠다는 마음에 널 북경으로 데려와 너의 의견은 무시한 채 아빠 후배 조선족 가정에 홈스테이를 시켰던 일 역시 미안하구나. 홈스테이도 한국사람 집, 친척집 그리고 조선족 집 여러 군데를 다녔구나. 생활도 연길에서 천진으로 천진에서 북경으로. 학교도 북경 55중에서 외국인 전용 학교인 세청중학으로….

북경 21세기 호텔에서 공부하던 시절, 담임선생이 네가 커닝을 했다고 아빨 불러서 핀잔을 주던 일. 그 사건 후, 너는 비로소 공부를 시작하고 우수반으로 월반도 되었지. 어려운 세월이 지나고 드디어 너의 고등학교 졸업식날, 21세기 호텔 대연회장에서 멋있는 양복을 입고 의젓하게 졸업하는 네가 대견스러웠다. 비록 성적이 조금 미치지 못해 북경 대학이 아닌 인민대학 역사학과에 들어갔지만 난 언제나 널 대견해하고 자랑스러워한단다.

낙엽만 굴러도 웃음을 참지 못한다던 그 예민한 사춘기시절 낯설고 물설고 말 한 마디 안 통하는 이곳 땅에서 정착한 널 치하한단다. 이제 어엿이 대학 3학년을 마치고 군대를 간다 하니 그 감회 역시 새롭구나.

희석아 난 널 사랑한단다.

아무리 어려운 시련과 역경이 오더라도 다 이겨내라 믿는다. 지금까지는 하나님이 너에게 준 연단의 시간이었다고 믿는다. 고난은 변장된 축복이라 하지 않았더냐?

군대 잘 다녀오거라.

사나이로 태어나서 할 일도 많다만….

사랑하는 아빠가 북경 공업대학 연구실에서

2005. 8. 29

추신: 가족이 중국에 현재 거주하고 있으면 휴가도 중국으로
보내주고 항공권도 준다며? 첫 휴가 때 이곳 북경에서 더
늠름해진 너의 모습을 보기를 고대한다.

두 엄마의 족집게 조언

　　중국에서 아이들이 아플 경우 너무 난감한 경우가 많은 것
같다. 은수를 예를 들자면 중국에 온 지 2개월쯤 됐을 때 갑자
기 며칠 동안 계속해서 배가 심하게 아프다고 하여 천진에서 가
장 크다는 아동병원에 가서 진찰을 했다(진찰하기까지의 과정이
란 참으로 어렵고 한국병원과는 너무나 많은 차이가 있음).

　　물론 언어가 되지 않을 때라 중국동포의 도움을 받아서 말이
다. 진찰을 하고 소변, 피검사를 하더니 다음날 전문 교수에게
다시 검진을 받으라고 해서 예약을 해놓고 집으로 돌아왔다. 다
음날 병원에 가서 교수가 다시 진찰을 하고 엑스레이를 찍고 초
음파검사를 하더니만 신장이 매우 좋지 않은 상태이니 두 달마
다 검사를 받고 여전히 통증이 심하면 수술을 해야 한다고 했
다. 느닷없이 이게 무슨 황당한 소리인지….

지금까지 멀쩡하던 애가 갑자기 신장이 나빠질 수도 있는지 우리는 도무지 이해할 수가 없었다.

한국으로 가서 검사를 다시 받아야 되는지를 고민하다 아는 사람 소개로 동포 의사가 있는 병원을 가서 다시 검사를 했다. 거기서는 갑작스런 환경변화로 아이가 너무 스트레스를 받아 위에 급성염증이 생겨서 그렇단다. 주사 맞고 4~5일 약을 복용하면 괜찮다 하면서 약을 처방해 주어 약을 사서 집으로 돌아와 제때제때 복용한 결과 말끔히 나아 지금까지 건강하게 잘 지내고 있다.

후에 병원에서도 외국사람들한테 바가지를 많이 씌운다는 소리를 듣고 쓴웃음이 나온 적이 있다. 이 이후 나도 참 기막힌 일이 있어 결국 한국에 갔을 수밖에 없었던 경험도 있다. 이런 일을 겪다보니 중국 병원에 대한 신뢰감이 없어지고 가족건강에 더 신경을 쓰게 된 것 같다.

지금은 2002년초 무렵과는 많이 달라졌다. 여기 천진에도 한국부가 있는 병원이 2개가 생겼고, 일반 병원에서도 예전보다는 많이 친절해진 것 같다. 피치 못해 병원에 가야 할 경우에는 의문스럽고 부정확한 부분들을 대충대충 넘어가기보다는 정확히 해야 큰 낭패를 보지 않을 것 같다. 먼저 정착한 분들에게 도움을 청하는 것도 지혜라 생각된다.

신변 안전

외국에 살기 때문에 안전문제도 각별히 신경 쓰이는 부분인데, 몇 달 사이에 우리 동네에서 한국아이가 중국아이들에게 집단구타를 당한 일과 돈을 빼앗긴 일이(적은 액수이지만) 일어났다. 돈을 빼앗긴 아이의 부모는 맞지 않아서 다행이라 하지만….

나는 우리 아이들에게 여기는 한국이 아니라 외국이란 사실을 잊지 말라고 이른다. 밖에서도 너무 큰소리로 떠들고 다니지 말고, 중국사람들 무시하지 말고 밤늦게 다니지 못하도록 하고 늘 먼저 내가 조심하는 편이다.

"한국아이들이 깔끔하고 옷도 세련되게 입고 하기 때문에 눈에 확 띄는데, 어린아이들일수록 옷도 수수하게 입히는 것이 더욱 안전하리라 생각됩니다."

아이들 교육

우선 학교 수업에 충실하도록 하는 것이 무엇보다 중요한 것 같다. 여기 온 중·고등학생 대부분이 HSK(한어수평고사)에만 매달리는 경우를 많이 보는데 참 안타깝다는 생각이 들곤 한다. 어떤 경우는 심지어 초등학생한테도 매번 시험을 보게 하는 부모도 있다고 들었는데, 참고로 HSK는 고등학교와 대학교 진학할 때 필요하며 유효기간은 2년밖에 되지 않는다.

이렇게 HSK 위주로 공부를 시키다보니 학교생활보다는 학원수업에 치중하는 걸 보게 되고, 그러다보니 교사나 학생들과의 관계가 친밀하지 못하고 학교에 적응하기 힘들어하는 악순환이 생기는 것을 목격하게 된다.

"중국에 유학 왔지만 영어를 놓쳐서는 안 된다고 생각됩니다. 세계 공통어인 영어를 모르면 경쟁력에 있어서 뒤쳐질 수밖에 없기 때문이죠. 그렇다하여 중국어를 경시하라는 건 아니구요.
영어, 중국어 두 개 언어를 정복할 수 있도록 노력해야 된다는
거죠. 방학기간을 잘 활용하면 많은 도움이 되리라 봅니다."

— 은정이 엄마, 박인희 씨 —

○ 꼭 알아 두어야 할 생활 규칙 3가지

내게 중국생활을 말하라면,

◆ '사람 사는 사회 다 그렇지'라고 생각하면 차이를 말할 수 없다.
◆ 한국과 중국은 많이 다르다. 기본체제가 다르고, 그래서 습관
  과 가치가 다르다.
◆ 우리가 당연히 쉰다고 생각하는 일요일 그들은 일을 하기도
  한다.
◆ 은행은 토요일도 일요일도 문을 연다. 긴요한 업무만 볼 수
  있긴 하지만.
◆ 학교도 필요하면 일요일에 입학식도 하고 개학식도 한다.
◆ 입시도 주말에 치른다.
◆ 은행은 고객에게 친절하지 않다. 적어도 그들에게 고객은 왕
  이 아니다.
◆ 우리가 중국 와서 그들은 왜 그러지 하고 화를 내어도 소용
  없는 일이다.
◆ 로마에 가면 로마법을 따르라 했으니, 빨리 중국 사회를 이해
  하고 적응해 가는 수밖에 없다.

라고 할 것 같다. 그래서 꼭 '명심하세요'하고 싶은 것은.

첫째로 조심해야 할 것은 무슨 일을 하든 여유를 가질 것.
의외의 일이 생길 경우를 항상 대비해야 한다. 특히 시간적

여유를 넉넉히 가져야 한다.

입학을 준비한다면 늦어도 한 학기 전에 또는 일년 전에 시작해야 한다. 대학 입시가 외국인일 경우 4월에 시작된다. 대학원의 경우는 3월에 시험을 본다. 9월에 학기가 시작하는 것을 감안하면 이미 6개월 전에 입학시험을 치르는 셈이다. 그러니 필요한 서류를 준비하고 원서를 내려면 1년 전부터 작업을 해야 한다. 고등학교의 경우도 4, 5월에 학교와 접촉을 해야 한다. 물론 학교에 따라서는 쉽게 들어가기도 하지만, 원하는 학교에 가고자 한다면 미리 미리 알아보고 적절한 대책을 강구하는 것이 좋다. 내가 아무리 우수한 학생이어도 자리가 없다면 어쩔 수가 없는 일이 아닌가.

관공서에 일을 보러 갈 경우에는 정말 시간적 여유를 가져야 한다. 업무에 따라서는 오전만 일을 보는 곳도 있다. 우리 생각만 하고 오후 문 닫기 전에 가면 되겠지 하다가는 낭패보기 십상이다. 공공기관에 근무하는 사람들은 오전 11시 반이면 벌써 자릴 뜬다. 오후 2시까지 점심시간이다. 꼼짝없이 기다려야 한다. 서류 한 장 받기 위해서. 그리고 5시면 퇴근이다. 가끔 의외의 상황이 발생한다. 북경 근처의 관광지를 갔다가 돌아오는 길에 이유도 모른 채 꼬박 3시간을 도로에 차가 멈춘 채 기다린 적이 있었다. 덕분에 오후 스케줄이 모두 엉망이 되었다.

<u>둘째로 중국인과는 싸우지 말 것. 특히 우리 학생들에게 해주고 싶은 말이다.</u>

중국인들의 가치관 속에는 복수를 미덕으로 생각하는 요소가 다분하다. 복수가 주제가 되는 많은 무협 영화도 있듯이 그들의 자존심을 건드리고 싸움을 했다가는 평생 불안하게 지내야 한다. 상인들과 물건 값을 깎고 흥정을 할 때라도 자존심을 건

드리지는 말아야 한다.

백주 대낮 도로에서 어떤 노동자가 벽돌로 학생의 뒤통수를 내리치는 광경을 목도하고, 아이가 하얗게 질려서 집에 왔을 때, 말로만 듣던 중국인의 물불 가리지 않는 복수심이 얼마나 끔찍한 것인가를 생각했다. 학교에서 우리 학생들이 가끔 중국 학생들과 분쟁이 생기고 주먹다짐이 오고갔을 때, 불리한 것은 말할 것도 없이 우리 학생들이다. 심지어는 퇴학을 당하는 경우 어디 하소연할 곳도 없다. 그냥 부딪치지 않는 게 상책이다.

<u>셋째로 유학을 보낸 부모들은 학교와 학생을 너무 믿고 있어서는 안 된다.</u>
중국 학교가 한국 학생에게 대하여 교육적 의무감을 느낄까? 아닌 것 같다. 우리가 중국이라는 나라에 충성하기 위해 중국학교에 가는 것이 아닌 만큼, 그들도 한국 학생은 애써 길러야 할 국민이 아니다.

또 실제적으로 국제반 학생들의 얘기를 들어보면, 중국 선생님과 한국 학생들이 근본적으로 의사소통이 원활하지 않다 보니, 학교 측은 학생들을 거의 방치하는 상태가 된다. 그런 상태에서 학교생활을 하다 보니 학생들이 부모에게 사실을 얘기하겠는가. 내가 필요해서 온 유학인 만큼 내가 스스로 배워 가겠다는 적극적인 자세가 아닌 학생일수록 부모님들은 학교와 학생을 믿지 말아야 한다.

— 달림이 엄마, 최성남 씨 —

하나, 아이들이 유학 온다

청도와 천진에서 국제부 학교 및 특례학원을 운영하고 있는 연규승 이사장의 말이다. 사무실을 찾았을 때, 마침 한국에서 온 부모들과 면담을 하고 있었다.

"요즘은 잘 노는 아이들이 공부도 잘합니다. 중국 생활이 솔직히 답답하거든요. 한국에서는 자꾸 조기 유학 문제점만 보도를 하는데 실제로는 그렇지가 않습니다. 아이들이 갈 곳이 없어요. 사실 말도 못하는 아이들이 어디를 갑니까? 애들이 기껏 하는 게 담배 피우고, 술 먹는 거예요. 예전에 패싸움도 하고 그랬지만, 바로 귀국조치예요. 여긴 공안이 무섭거든요. 한국처럼 청소년이라고 봐주는 것도 없고…"

그렇지 않아도 잘 물어 봤다는 듯 그의 얘기는 그칠 줄을 모른다. 어디서나 담배를 피울 수 있는 중국의 여느 건물과는 달리 독실한 기독교 신자인 그는 누구도 건물 내에서 흡연을 못하도록 규칙을 정해 놓았다. 골초인 내 사정은 아는지 모르는지.

"사실 한국에서 이불 개고, 자기방 청소한 애들이 몇이나 됩니까? 그런데 부모님들이 오시면 기숙사에 들러서 그런 걸 보고 눈살을 찌푸리면서 개판이니 뭐니 그래요. 그게 학교 잘못인가요? 유학 보낼 때는 그 정도는 고쳐서 보내야 되는 거 아닌가? 그러고는 학교에 뭐라고 그래…. 그런 것도 생활지도 안 하고 뭐하냐고…."

벌써 얼굴이 벌겋게 달아오른 것이 다혈질인 게 분명한 그는 이렇게 끝을 맺는다.

"저도 그런 녀석들 보면, 막 야단치고 그러고 싶어요. 그런데 아이들이거든요. 그럴 수 있는 거예요. 머리 물들이고, 수업시간에 자고, 빠지고 그래요. 공부하기 싫은 거 어떡합니까? 공부습관은 안 들었고, 기초도 없는 애들이 중국어로 들으려니 좀이 쑤셔요. 애들이거든요. 한국 같으면 '엄마!' 만 찾던 아이들이 그래도 이것저것 하는 거예요. 엄마, 아빠한테 얘기하고 싶은 것도 많이 참고…."

한국에서부터 학원을 운영했던 연씨는 선교와 사업을 함께 하느라 중국에 온 지 벌써 10여년이 된다. 한국에서부터 학원을 운영하며, 아이들을 지도해 온 지 20년이 넘는 사교육 전문가이자 중국전문가의 말을 귀담아둘 필요를 느꼈다. 나 역시 한국에서 아이들을 가르치는 입장에서 고개가 끄덕여지는 부분이 있기 때문이다.

　　연씨의 말을 듣다보면, 조기유학 온 아이들이 공부는 어떤지 몰라도 인내심과 자기 물건 챙기는 습관만은 몸에 익혀 가는 것 같다. 사실 조기 유학에 대한 이야기를 취재하면서 가장 가슴에 와닿는 말이기도 했다. 내 머리도 온통 조기유학의 '조기'보다는 '유학'에만 와 있던 게 아닌가 싶다.

＊만약 당신이 남과 같다고 생각한다면 남이 당신과 같다는 생각을 잠깐 해보라.
－ 유대 속담 －

둘, 규칙적으로 생활한다

"제가 관리를 하고 있는 아이들이 사실 한국에서 공부를 잘 하던 아이들이 아닙니다. 이따 만나보시면 알겠지만 얼굴만 봐도 공부 안 하는 애들인 게 보여요. 이런 아이들한테 갑자기 공부만 하는 걸 바라는 건 무리죠. 제가 3월부터 애들을 맡고 있으니까 이제 한 3개월 된 거죠. 지금까진 습관들이기가 중점입니다.

> 첫째, 수업 시간에 늦지 않기
> 둘째, 일요일에도 제 시간에 일어나서 아침 먹기
> 셋째, 10시까지는 만화를 보더라도 자습실 책상에 앉아 있기

제가 바라는 건 요 3가지예요. 이것만 지키면 다른 건 아무 말 안 합니다. 시험을 못 봐도, 수업시간에 자도 아무 말 안 하죠. 오히려 잘하고 있다고 칭찬합니다. 부모님한테 전화가 와도 무지하게 칭찬을 합니다. 3개월쯤 하니까 애들도 이력이 나는 것 같아요. 이제 아침에 제가 깨우러 가서 문 두드리면 다들 일

어나 있어요. 처음에는 깨워 놓으면 다시 자고 그랬죠. 말도 못 알아듣는데 들어가기가 싫으니까 아프다고 그러고. 저야 다 아는 거니까 들은 체도 안 하고 그냥 깨우죠. 밥 먹고 자라고 하면서. 요새는 아이들하고 저랑 사이가 좋습니다. 분위기 좋아진 거죠.”

상해에서 학생매니지먼트 사업을 전문적으로 하고 있는 김남진 씨의 말이다. 간단하기 그지없는 그의 원칙. 한국에서의 학습 부진이 원인이어서 중국유학을 생각하는 부모들이라면 주목해야 한다. 굳이 유학이 아니더라도 이건 사회생활에 필수적인 것. 혹시 이미 엄마, 아빠의 손으로는 이런 습관을 들이기가 부족하다는 느낌이 있다면 공부보다는 아이들 습관들이기를 위해서라도 김남진 씨 같은 사람에게 맡겨 보는 것도 괜찮다는 생각이 들었다.

성공하는 사람들의 7가지 습관이라는 책이 몇해 전 열풍을 일으킨 적이 있다. 굳이 몇해 전까지 안 가더라도 요즘 봇물처럼 쏟아져 나오고 있는 교육법 책의 대부분도 이 습관이야기다. 하버드에 간 아이도 꼴지에서 일등까지 올라간 아이도 모두 첫째로 꼽은 것이 공부습관이었다.

셋, 공부는 한국식으로, 생활은 중국식으로

장윤정이라는 가수가 있다. 그녀가 부른 댄스곡 풍의 트로트 곡 '어머나'는 남녀노소가 전부 좋아하는 노래다. 아이들은 아이들대로, 어른들은 어른대로. 그렇게 대단히 히트를 한 건 아마 모두에게 익숙했기 때문이 아니었을까 싶다. 어른에겐 창법이, 아이들에겐 리듬이. 이렇게 긴소리를 늘어놓은 건 중국생활의 달인이 되는 법을 '어머나'에서 찾을 수 있지 않을까 하는 생각에서다.

누구나 익숙한 것과 이별하는 것은 어렵다. 초등학교를 마치고 조기유학을 가는 아이들이라 하더라도 벌써 유치원부터 7~8년은 한국식 공부에 익숙해 있다. 어차피 수학이니 영어가 아이들이 가장 기를 쓰고 공부해야 할 과목이고, 영어나 수학은 중국어든 한국어든 다 똑같다. 괜히 아이들을 피곤하게 만들 필요가 없다. 가뜩이나 스트레스가 만발한 아이들, 한국식 공부가 스트레스도 줄이고, 공부도 효과적으로 할 수 있는 방법이다.

반면 벌써 여러 번 한 얘기지만 버스타기, 물건사기, 식사 등은 중국식으로 해보자. 기름기 많다고 집에서 한국식으로 먹지 말고 아이와 밖에 나가 1주일에 한두 번 정도는 중국식 음식을 먹어 보도록 하자.

나는 한 달 이상 머무를 도시에 가면 대개 하루이틀은 집근처에서부터 시내버스를 타고 종점까지 오가기를 반복한다. 버스란 대개 역이든 시내 중심가든 유명하다고 하는 곳 한 곳쯤은 지나가게 마련이고 그곳에서 내려 다시 버스를 갈아타고 그러다 보면 웬만한 동서남북 지리정도는 쉽사리 익힐 수가 있다. 나는 이때부터 본격적으로 도시를 여행하기 시작한다.

버스타기는 두세 번쯤 실수하다 보면 절대 안 잊어버리게 되었는데 잊어버렸을 때를 대비하여 충분한 택시비를 준비하는 것도 필수다. 네모 반듯하게 되어 있는 북경은 물론이고, 천진, 소주, 남경 그리고 순환형으로 되어 있어서 버스가 갔던 곳으로 되돌아오지 않는 상해에서도 난 대부분 버스를 타고 이동했는데, 한국에서 책과 테이프로 공부한 중국어를 실생활에서 톡톡이 써먹었다.

아이들이야 학교에 간다든지 하면 중국 애들과 어울릴 기회가 있지만 어머니들의 경우는 그렇지가 않다. 아이가 학교간 사이, 버스타고 시내에라도 자꾸 나가면서 길도 물어보고, 길거리에서 물건도 사면서 중국과 중국어를 익히자. 내 경험으로는 길거리 장사꾼만큼 나와 말하는 것에 성의와 열성을 보이는 경우도 없었다. 어떻게든 팔아야 하니까. '따저(물건값 흥정)'야말로 중국어 학습의 좋은 방법이자 재미있는 중국 생활의 한 가지 방

법이다. 최성남 씨의 생활 속에서 달림이 중국어 공부시키기의
방법을 벤치마킹하는 것은 어떨까.

1. 같이 TV를 보면서 단어 뜻을 물어 본다. 아이가 자연스럽
   게 설명하도록 들어 준다.
2. DVD도 사서 보라고 한다. 그것도 듣기 공부니까.
3. 주말엔 PC방에 데리고 간다. 친구들과 수다를 떨며 스스로
   갈 길을 찾을 테니까.
4. 외식을 할 때 주문하도록 시킨다. 말하기 연습이니까.
5. 만화책도 읽도록 한다. 그것도 중국어니까.
6. 아이가 재미있어 하는게 있으면, 이야기해 달라고 한다. 스
   스로 중국어 복습이 되니까.
7. 은행 가기, 슈퍼 가기, 우체국 가기 등 자주 심부름을 시킨
   다. 모르면 스스로 배우려고 할 테니까.
8. 모든 명사는 중국어로 바꾸어 본다. 전기 스탠드는 중국어
   로 뭐라고 하지? 모니터는 뭐라고 하나? 마우스는?

만약 모든 사람들의 충고대로 집을 짓는다면 비뚤어진 집을 짓게 될 것이다.
- 덴마크 속담 -

넷, 한국 친구는 오아시스다

5명의 학생에게 물었다. 한국에서 유학을 준비하는 학생들에게 해주고 싶은 말이 무어냐고.

"오기 전에 친구들하고 인터넷으로 대화할 수 있는 준비를 잘해 가지고 오세요. 처음에 오면 굉장히 외로워요. 답답하구. 엄마, 아빠하고만 있어야 하니까 미칠 것 같았어요. 그럴 때, 애들하고 얘기하고 그러면 굉장히 좋았어요. 학교에 들어가도 한국 아이들하고도 금방 친해지는 건 아니잖아요. 중국 애들은 아직도 뭐 친하게 지내는 애들이 없구요."

커플이라는 두 소년소녀(?)에게 물었다.

"오빠를 여기 와서 만났는데요. 오빠를 만나니까 학교생활도 더 재미있어지구. 학교에서는 오빠랑 잘 몰랐거든요. 선배니까 말하기도 어렵구. 그냥, 뭐 공부 열심히 하자는 얘기도 하구. 오빠는 여기 와서 지낸지 오래됐으니까 말도 잘하구 그러니까 물어봐도 되구."

어느 종교모임의 토요집회에서 물었다. 황금 같은 토요일에 여기에 온 이유를….

"중학교부터 대학생까지 형이나 누나들이 다 있으니까 형들 한테 여러 공부하는 얘기나 진로에 대해서 들을 수가 있어서 좋 아요."

최성남 씨의 '아이와 조기유학하기'에도 나오지만 한국친구 들이란 긴장과 단순하고 지루한 중국에서의 생활에서 오아시스 와 같은 존재가 된다. 배낭여행을 하다보면 단지 한국인이라는 이유로, 같은 언어와 문화를 공유한다는 이유로 급속하게 친해 지는 게 내 경험담이다.

조기유학을 하는 아이들, 특히 처음 시작할 때의 한국친구 란 거친 바다를 항해하는 배에게 등대와도 같은 존재다. 아이와 함께 엄마가 동반한다면, 엄마에게도 수다 파트너는 절대적인 존재다. 가끔은 전화기를 붙잡고 한국에 있는 자 매, 친구들과 수다를 떨 수 있지만 아무래도 동병 상련, 여기서 함께 똑같 은 문제를 붙잡고 씨름하 는 엄마들과의 대화보다 는 그 수다의 효과가 떨 어지게 마련이다. 엄마부

터 종교모임이든, 자원봉사모임이든 나가서 적극적으로 수다 파
트너를 만들어 생활의 활기를 유지하는 게 좋다. 아이들은 엄마
의 기분 하나에 모든 게 왔다갔다 하기도 한다.

우리는 형제로 같이 사는 법을 배워야 한다. 아니면 모두 멸망하고 만다.
— 마틴 루터 킹 —

다섯, 선생님의 역할이 크다

아이들이란 기본적으로 관심을 먹고산다. 아이들에게 관심 이란 나무에게 물과 태양과 같은 존재다. 물을 흠뻑 먹고, 태양 을 듬뿍 받은 나무들이 쑥쑥 자라듯이 아이들은 관심으로 먹고 산다.

엄마랑 함께 간 아이들에겐 물론 엄마의 관심이 있다. 하지 만 관심이란 많으면 많을수록 좋은 거다. 혼자 온 아이들은 엄 마의 관심이 아무래도 한국에 같이 있을 때보다 못할 수밖에 없 다. 이럴 때, 중요한 것이 선생님이다. 일단은 학교의 선생님, 두 번째는 학원 선생님, 세 번째는 과외선생님 이렇게 3명 정도 의 선생님들을 만나게 된다.

우선 과외선생님!

중국 선생님이든 조선족 선생님이든 신중하게 고르고 일단 고른 뒤에는 바꾸지 않는 게 좋다. 친구란 말이 오랫동안 친하 게 지낸 사이인 것처럼 관계란 오래될수록 깊어지는 법이고 선생님과 아이간의 사이에 우정이 싹틀 수 있다. 특히 중국의 친구관계란 매우 서양적이다. 나이와 상관없이 친구가 되는 경우가 흔하다.

한국의 어머니들이 학교에 자주 찾아가는 기본적인 이유가 선생님이 내 아이에게 관심을 가져주기 바라서다. 국제반 어디건 학교 선생님과 좋은 관계를 유지하는 방법은 별것 없다. 공부를 잘하면 된다. 그게 안 되면 열심히 하는 것. 또 어떻게 하든 아이로 하여금 선생님에게 자주 상담을 하도록 한다. "우는 아이 젖준다"는 말이 있다. 중국어를 못한다고 선생님과의 대화를 피하지 말고 먼저 상담을 하도록 해보자. 어머니들의 경우도 그렇다. 중국어가 안된다고 물러서지 말자. 종이에 적어라도 가서 물어 보자.

"워더 하이즈 전머양(우리 아이는 어떻습니까?)" 하고.

학원선생님에게라도 종이에 적어 달라고 부탁하자. 아이를 위해서 중국까지 건너왔는데 이걸 못 할까? 통역과 함께 가는 것보다 오히려 이게 좋은 방법이다. 통역을 통해서 말을 하다 보면 선생님들은 사무적인 대화로 끝내기가 일쑤다.

마지막 학원 선생님.
어머니들이나 아이들이 가장 의지하기 좋은 존재다. 특히 혼자 보낸 아이일수록 한국인이 운영하는 학원에 보내는 게 효과가 있다. 한국에서도 학교보다도 학원에서 아이들을 더 잘 파악하고 보살피듯이 중국에서도 마찬가지다. 학원은 중국어 외에 수학이나 영어 또는 논술지도 등을 선택하는 것이 좋다. 아무래

도 독서를 하고 그러다보면 아이들과 좀더 많은 대화를 할 시간
을 갖게 되고 이것이 바로 아이에게는 선생님이 자신에게 보여
주는 관심이 된다. 어머니들 또한, 조급한 마음, 불안한 마음,
답답한 마음을 진정시키고 마음의 힘을 불러 줄 코치가 필요하
다. 아이에게는 한국인 친구와 관심을 줄 선생님이, 어머니에게
는 수다 파트너와 코치가 필요하다.

> 가르침이란 어느 한 가지 알려진 것에서 미지의 것으로 이끌어가는 것을
> 의미한다. 이러한 행위는 온화하고 부드러운 행위이며, 사랑스런 행위이지
> 강압적이거나 심술궂은 행위가 아니다.　　　　　－아모스 코메니우스 －

4부 준 비(準備)

성공에는 무엇보다 치밀한 준비가 선행되어야 한다. 준비가 없이는 실패
만 있을 뿐이다.
— 공자 —

　우리는 모든 것이 즉석에서 일어나길 기대하는 시대에 살고
있다. 사실 모든 일의 결과를 즉시 얻어 '하룻밤 사이의 성공'을
거둘 수만 있다면 더할 나위가 없을 것이다. 어쩌면 우리는 땅
의 리듬과 계절의 구분을 잊고 잊는 듯하다. 땅에 씨를 뿌리자
마자 풍성한 수확을 기대하고 있는 것이다. 영양분을 섭취하지
않거나, 희망의 물과 사랑의 햇빛을 받지 않은 씨앗이 어떻게
꽃을 피울 수 있을 것인가?

　이솝우화에 나오는 한 가난한 소년의 이야기를 읽어 보자.
소년은 돈을 빌려 수백 개의 달걀을 산 후 배를 타고 카이로로
간다. 배를 타고 강을 건너는 동안, 소년은 누워 공상에 잠긴다.

　카이로 시장에 도착하면, 먼저 달걀을 팔아야지. 그리고 남
은 돈으로 좋은 옷감을 사서 집으로 오는 거야. 그럼 여자들이
몰려들어 그 옷감을 사겠지. 옷감을 판 돈으로 빚을 갚고, 나머
지 돈으로 암양 한 마리를 사야겠다. 양을 잘 기르면 새끼 양을

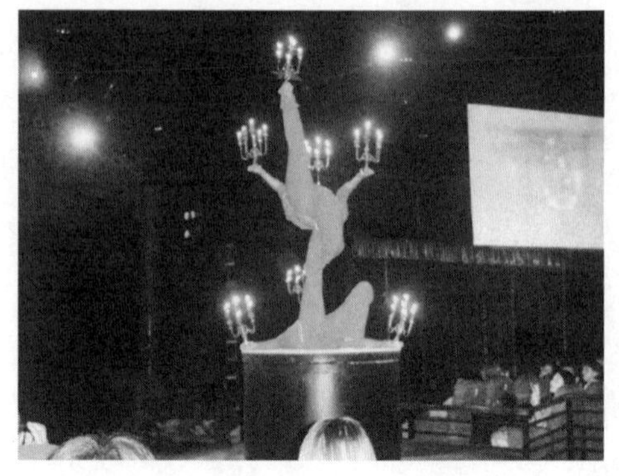

적어도 두 마리는 낳게 될 거야. 그럼 그 암양과 새끼양을 팔아 암소 한 마리를 사야지. 암소가 송아지를 낳은 다음, 그 두 마리를 모두 팔면 하인을 고용할 만큼 큰 돈이 생길 거야. 그럼 이거 해라! 저거 해라! 이리 와라! 저리 와라! 하고 부려먹을 수 있겠지. 그 하인이 말을 안 들으면, 엉덩이를 걷어차야지. 그래 이렇게….

공상에 사로잡힌 소년은 하인의 엉덩이를 걷어차는 흉내를 내다가 실수로 그만 달걀이 든 바구니를 걷어차고 만다. 바구니는 나일강으로 풍덩 빠진다. 달걀은 순식간에 강물 속으로 사라지고, 소년의 꿈은 산산이 부서지고 만다.

섣부른 희망이나 걱정은 일단 제쳐두고 수첩과 계산기 달력을 손에 들고 또박또박 준비해 보자.

내 아이, 유학을 가는 게 좋을까?

　　대학에 갈 때는 진로적성검사를 받고, 취직을 하려면 직무적성검사를 받듯이 유학을 가기 전에는 유학적성검사를 받아 보는 게 좋다. 그러나 아직 유학적성검사란 건 없으니까 지금까지 소개된 이 책의 주인공들과 내 아이를 비교해서 판단해 보는 것도 좋을 듯싶다. 지금까지 소개한 유학생들을 유형별로 정리하면 다음과 같다.

① 달림/은정형
② 문식형
③ 강수형
④ 가정문제형

첫째, 달림/ 은정이형

　　달림이는 장차 유엔 같은 국제기구에서 일을 하고 싶어하고, 은정이는 국제변호사가 되고 싶어한다. 부모님들뿐 아니라 아이들 스스로가 꿈도 확실하고 스스로 계획을 세우고 실천해

나가는 능력도 있다. 사실 이런 능력을 가진 아이들이라면 어디서건 성공확률은 높다. 그러나 이 아이들이 원하는 대로 국제무대에서 활동하려면 외국어가 필수다. 세계에서 제일 많은 사람들이 사용하는 언어는 영어와 중국어다.

한국에서 명문대 국제학부를 졸업한 학생과 달림이, 둘의 영어 실력은 어떨지 모르나 중국어에서는 확실히 차이가 난다. 더구나 은정이처럼 영문과를 다닐 아이들은 중국어로 영어를 배운다. 이 아이들이 만약 교환학생으로 일본에서 1년 정도 일본어 연수를 한다면, 경쟁력은 얼마나 차이가 날까? 그리고 중국어와 영어 그리고 일본어가 가능한 아이들은 영미권 어디를 가서도 아르바이트를 하면서 대학원을 다닐 수도 있다.

(1) 달림/ 은정 유형의 특징

자기 주도형	- 스스로 국제관계학부라는 전공 선택(달림) - 기죽지 않은 성격으로 한국 국제학교에서 중국학교로 전학(은정)
사교성이 있다.	- 밤새도록 수제카드를 만들어 반 학생들에게 전달(달림) - 학원에서도 둥글둥글 산다는 평(달림) - 왕따 친구에게 먼저 접근(은정)
어학에 소질이 있다.	- 영어가 주특기(달림, 은정)
공부 습관이 있다.	

(2) 이런 아이가 '달림/ 은정형'이다
① 어학에 소질이 있으나, 수학이 약한 아이
한국에서는 수학이 약한 아이가 명문대에 가는 것은 사실

불가능하다고 봐야 한다. 그러나 수학에는 약하지만 이해력/창의력 등은 뛰어난 아이들이 있다. 이런 아이들을 선발하기 위해 일부 대학 등은 수Ⅱ를 선택사항으로 하고, 논술 비중을 높이고 있기도 하다.

이런 아이들은 한국에서 대학 진학을 위해 수험공부를 하는 것이 오히려 해가 된다. 오르지 않는 수학성적으로 인해 좌절감을 키울 우려가 있기 때문이다. 청화대 등은 아직 중국어 시험으로만 신입생을 선발할 뿐 아니라 어학적 재능이 학교생활에 크게 도움이 되는 것이 중국이다.

② 이해력은 부족한 편이나, 암기력이 좋은 아이

북경대의 시험과목은 영어, 수학, 어문(국어), 개황 그리고 역사다. 수학만 빼놓고는 암기과목이라고 할 수 있다. 평소에 암기과목에는 자신이 있어 하는 아이라면, 중국 유학의 성공 가능성이 높은 편이다.

③ 집과 학교를 오가는 그야말로 모범생 타입

무엇보다 성실한 아이가 유학에 성공할 가능성이 많다.

둘째, 문식이형

문식이는 사람의 노력이 얼마나 후천적으로 사람을 바꾸어 놓을 수 있는가를 보여주는 좋은 예이다. 24살에 영문과에 들어가 기초 영문법부터 공부해서 살아남은 유일한 한국학생이 되었다. 영어와 중국어라는 2마리 토끼를 다 잡은 것이다. 가정형편도 넉넉한 편인 문식이가 만약 미국에 가서 MBA나 스위스나 아랍에미레이트로 가서 호텔MBA를 마치고 나면, 한국의 중국에 진출하고자 하는 호텔·여행업계로부터 환영받는 인재가 되지 않을까 싶다.

(1) 문식이형의 특징

| 인내심이 강하다. | 1년 이상 하루 2시간만 자고 공부 |
| 경쟁의식이 강하다. | 같은 반 학생을 나의 경쟁상대로 선택하고 그 학생을 이기기 위해서 노력 |

(2) 이런 아이가 문식이형

① 운동이나 예체능을 하다가 포기한 아이

중국 유학은 끈기와 참을성이 있는 아이가 성공할 가능성이 무엇보다 크다. 운동을 하던 아이들은 목표를 위해서 자신을 컨트롤 할 수 있는 습관이 되어있다. 이런 아이들이 중국유학을 가면, 수학을 빼놓고는 다른 아이들과 똑같은 출발점에서 시작하게 된다.

② 새롭게 시작하고픈 강렬한 의지를 가진 아이

셋째, 강수형

강수는 학습부진아다. 겨우 미달인 지방 전문대나 갈 실력이다. 그런데다 가정형편도 좋은 편이 아니다. 이런 친구들에게 단시간 내에 뭔가 대단한 성과를 기대하는 것은 무리다. 그저 중국에 체류하면서 공부하다 보면 이래저래 중국어가 몸에 익게 마련이다. 가정 형편이 어려운 편인데다 중국이란 아르바이트 할 곳도 전무하니까 오로지 근검절약하는 수밖에 없다. 자연 자취를 하면서 자립정신을 기를 수 있다. 이른바 헝그리 정신을 몸에 익힐 기회다. 여기에 현지 문화에 대한 이해 그리고 일상생활에서는 불편하지 않을 중국어를 익히고 4년제 대학졸업장을 손에 쥐기만 해도 성공적인 유학이라고 평해야 할 것이다.

가정환경이 넉넉하다면 핵심은 금전통제에 있다.

넷째, 가정문제형

　부모님의 이혼, 재혼 등 가정문제 때문에 유학을 오게 된 경우다. 수재학교 연규승 교장은 이런 케이스가 의외로 많다고 한다. 연 이사장 이외에도 "버린다"는 극단적인 표현을 사용한 분들도 있지만, 나는 결손 가정 아이들의 유학은 적극적으로 그리고 긍정적으로 생각해 볼 수 있는 대안이라는 견해다. 한국에서 부모도 불행하고, 아이도 행복하지 못할 바에야 말이다. 단, 아이에게 정말 중국 현지에서 믿고 맡길 수 있는 관리 선생님이 필요하다. 성강일 씨가 그런 인물이라고 할 수 있는데, 성씨 자신이 이혼을 하고는 중국에 건너와서 현지 진출 한국 기업의 총경리로 근무하다가 역시 결혼에 실패하고 재혼한 동생의 아이들을 중국에서 공부시키기 위하여 회사를 그만두고 조카들을 거두며, 홈스테이를 하고 있다.

　결손 가정의 아이들이 학교의 기숙사에 들어가면 가장 많이 삐뚤어지는데, 이유는 외로움 때문이라고 연 교장은 말한다. 성강일 씨는 아이들이 버려졌다고 스스로를 느끼면서 자신을 아무렇게나 다루는 경우가 있다고 한다. 가정문제에 의한 유학. 말하기 껄끄러운 문제이나 대단히 현실적인 문제다. 쉬쉬하다 보면 정말 아이가 잘못되는 경우가 생긴다. 솔직하게 도움을 청하는 게 아이와 부모들이 모두 함께 사는 길이다.

간다면 언제 가는 게...

◆ 빠르면 빠를수록 좋아요.　　　　　　　　　－ 조은학원 박중규 원장

◆ 적어도 초등학교 과정은 한국에서 마쳐야 된다고 생 각해요.　　　　　　　　　　　　　－ 은정이 엄마 박인희 씨

◆ 고등학교 졸업하고 오는 것이 좋습니다.
　　　　　　　　　　　　　－ 북경 청산학원 유형석 실장

◆ 중학교 졸업하고 오는 경우가 제일 많습니다.
　　　　　　　　　　　　　－ JK아카데미 이승숙 본부장

◆ 낭떠러지에 서 있는 기분 아세요?
　　　　　　　　　　　　　－ 아이 셋을 유학시키는 어느 엄마

◆ 빠르면 빠를수록 좋아요 － 조은학원 박중규 원장

박 원장은 점점 유학생간의 대학입학 시험 경쟁이 치열해진 다고 한다. 어차피 졸업한 뒤, 취직에 유리한 북경대, 청화대의 유학생 입학 정원은 정해져 있는데, 유학 오는 아이들은 점점 많아지기 때문에, 유학생 시험이 갈수록 어려워질 거라고 예상

한다. 또한, 중국에 오는 유학생들의 학력 수준이 점점 올라간다고 한다. 요즘 조기유학을 오는 아이들은 한국에서도 외고 정도는 거뜬히 입학할 수준의 아이들이 유학을 오기 때문에 중국 유학을 생각 중인 부모들은 아이의 학력수준을 냉정히 생각해서 성적이 낮을수록 하루라도 빨리 현지에 와서 공부하는 것이 명문대학에 가는 방법이라고 조언한다.

◆ 초등학교 과정은 한국에서 마쳐야 된다고 생각해요
– 은정이 엄마 박인희 씨

초등학교 3~4학년밖에 안 된 아이들이 중국 유학을 온 걸 보면 너무 하지 않나 싶다고 한다. 일찍 온다고 중국어를 잘하는 것도 절대 아니라고 강조하기도 한다. 실제로 올 봄 초등학교 1학년에 입학한 아이가 아직 "구오라이(이리 와봐)"를 모르는 경우도 있었다. 또한 중국의 초등학교는 강압적인 부분이 많다는 것이 박인희 씨의 말이다. 그래서 은정이 동생, 은수는 국제학교에 보내고 있다. 친지들 중에 중국 유학을 생각하는 사람들에게도 절대 초등학교는 졸업을 시켜서 유학을 보내도 보내라고 권한다.

◆ 고등학교 졸업하고 오는 것이 좋습니다.
– 북경 청산학원 유형석 실장

유 실장은 부모님과 함께 유학 오는 것보다 혼자 유학 오는 경우를 염두에 두고 하는 말이기도 하다. 또, 고등학교에서 수험생활을 해본 경험이 중국에서도 큰 노하우가 된다는 말을 덧붙인다. 한국의 고등학교는 1학년부터 입시 위주로 운영되고, 학원

또한 그런 분위기이기 때문에 입시가 어떤 것인지 알고, 어떻게 대비해야 하는 요령을 알고 있는 데 비하여, 중학교를 졸업하고 유학 온 아이들은 중국어 학습에만 신경을 몰두하고, 중국어로 영어와 수학을 공부하다 보니까 기초가 부족할 뿐 아니라 문제 푸는 테크닉도 많이 떨어진다고 전한다.

◆ 중학교 졸업하고 오는 경우가 제일 많습니다.

— 상해 JK아카데미 이승숙 본부장

"중3 때부터 유학 준비를 해서 9월에 입학하는 경우가 제일 많습니다. 그 동안에 방학을 이용해서 중국어 연수를 하는 경우도 있구요. 그런데 중3 때부터 준비를 한 것 치고는 준비가 소홀한 경우가 많습니다. 대부분의 엄마나 아이들이 '현지에 가서 하면 되지' 하는 생각에 한국에서 한자, 성조 등 중국어 기본학습에 소홀히 하다가 막상 중국에 와서 후회하는 경우가 많습니다. 유학을 문의하고, 수속을 준비하는 동안에 저희들도 이것저 것 공부할 부분을 알려 주지만 그때는 아이들이 심각성을 느끼지 못하는데다 중국어라는 것이 처음 공부를 시작하기가 굉장히 힘든 언어라서 더 그런 것 같습니다. 외울 게 많은데, 요새 아이들은 전혀 외울 준비가 안 되어 있어서 그런 것 같습니다."

◆ 낭떠러지에 서있는 기분 아세요?

— 아이 셋을 중국에서 유학시키는 엄마

요새 초등학교부터 유학을 보내는데 다시 한 번 생각해 봤으면 합니다. 제가 처음 연길에 왔을 때 남편이 바빠서 저와 아이들 셋만 남기고 한국으로 떠났을 때 참으로 무서웠습니다. 도움의 손길이 있어도 저 혼자 낭떠러지에 서있는 기분 아세요?
아직 부모 품에 있어야 하는 아이가 얼마나 무섭고 떨리겠습니
까? 선생님이 있고 기숙사에 살아도 모든 것이 긴장의 연속입니
다. 이것을 탈피하기 위해 아이들끼리 모이고 자연히 노는 대로
빠지게 됩니다. 그렇지 않고 혼자 있게 되면 우울증이 걸리기도
합니다. 한국 내에서라면, 고등학교부터 기숙사 학교에 보내도
되지만 여기는 외국입니다. 언어가 필요하면 방학마다 연수를
보내는 것도 좋다고 생각합니다.

지금 이 순간 아이들을 중국에서 공부시키고 있는 어머니들
과 전문가들의 얘기를 종합해 보면, 최소한 초등학교는 졸업한
뒤다. 혼자 오는 경우에는 되도록 늦게 오는 것을 권하고, 부모
와의 동반유학인 경우는 연령이 내려가도 괜찮은 느낌이다. 개
인적인 생각으론 아이의 영어나 수학의 수준이 어떠한가가 유학
을 결정하는 중요한 요소가 되지 않을까 싶다. 한국에서부터도
영어, 수학이 모자라면 초등학교 과정, 중학교 과정 등의 기초
를 정확히 공부한 다음 유학을 오는 것이 필요하다. 기본 실력
이 모자란데다 중국어로 수업을 하다 보면 더욱 더 기초지식에
대한 이해가 어렵기 때문이다. 이런 경우에는 상급학교로 진학
할 것이 아니라, 초등학교 6학년이나, 중학교 3학년을 1년 정도
다시 다니면서 현지에서 영어, 수학의 기초를 쌓은 뒤에 상급학
교로 진학하는 것도 생각해 볼 것을 권한다.

그럼, 어디로 갈까?

중국에 조기유학을 오는 90%의 아이들이 북경으로 온다. 그러다보니 학교 입학은 점점 까다로워지고 집세 등의 생활 물가는 해마다 오른다. 중국의 집값은 한국사람들이 다 올려놓았다는 말도 있다.

물론 북경은 북경, 청화대를 비롯한 명문대학과 명문중학교들이 있을 뿐 아니라 도시도 정리가 잘 되어 있어 생활하기에도 불편이 없다. 흠이라면 어딜 가나 한국학생들이 넘쳐나, 유학을 왔는지 아닌지 구별이 안 되는 경우도 있다는 것. 큰맘 먹고 중국까지 왔는데 한국학생들만 득실거린다면 부모 입장에서 맘에 안 드는 것이 당연하다.

우선 되도록이면 한국학생이 없는 곳을 가고 싶다면 한국기업들이 많이 진출해 있지 않은 곳으로 가는 곳이 좋다. 남쪽이나 서쪽으로 가면 되는데 물가도 싸다. 북경청산학원 유형석 실장의 말에 의하면, 이런 곳에서 공부를 하다 3학년 2학기에 북경으로 오는 아이들 가운데에는 유학생은 볼 필요가 없는 지역 내 추천시험에서 1, 2등을 다투는 아이들도 있다고 한다.

*1*_ 한국인이 없는 곳에서 공부를 시키고 싶을 때

한국에서 학교와 지역을 결정하는 것보다 일단 북경을 비롯한 3개 도시 가운데 1곳에 와서 어학연수를 하면서 현지에서 찾아보는 게 좋다. 북경만 하더라도 한국에서 듣는 것과 현지 실태는 다른 경우가 너무도 많으니까. 그리고 이런 경우라면 조금 더 일찍, 그러니까 아예 초등학교를 졸업하고 유학을 오는 게 낫다. 자칫 중학교를 졸업하고 오는 경우에는 여러 가지 적응 때문에 많은 시간을 보내고, 정작 입시준비에 소홀함이 생길 수 있다.

*2*_ 경제적인 문제가 선택의 1순위가 될 때

북경, 상해, 천지의 3곳 가운데 천진을 선택하는 것을 권한다. 천진과 북경은 기차로 1시간 20분밖에 안 걸리는 곳이지만 물가는 천지차이다. 천진에서 민박을 하는데 대략 하루 70원(약 8.000원)이라면, 북경은 150원, 상해는 200원 정도를 받는다. 천진에서 학교를 다니다가 3학년 때는 북경에 가서 학원을 다니는 아이들도 꽤 있다(유학생에게는 고3 때, 입시 준비를 위해 학원을 다니는 것을 출석으로 인정해주는 경우가 많다).

*3_* 학업에 전혀 기초가 없을 때

이런 경우, 사실상 북경대에 진학하는 것은 불가능하다고
봐야 한다. 그렇다면 굳이 북경을 고집할 필요가 없다. 수학은
포기하고 영어와 중국어만 제대로 공부한다는 생각을 가지고 초
기에는 한국국제학교에서 공부하는 것도 바람직하다. 비록 한국
어로 수업이 진행되지만 영어, 중국어, 일본어 등의 수업이 이
루어진다. 일찍 유학을 온다면, 한국에서처럼 시험성적에 일희일
비하지 않고 영어와 중국어를 자기 페이스로 공부를 할 수가 있
다. 만약 경제적 여유가 있는 경우에는 중·고등학교 과정을 중
국에서 공부하고 대학부터는 일본이나 미국, 또는 영국이나 싱
가포르 같은 곳으로 유학을 보내는 것도 방법이다. 굳이 명문대
학을 고집하지 않는다면 상해나 북경에 있는 미국이나 영국 대
학교의 예비학교(정식 중고등학교 인가)에서 공부를 하는 곳도
방법이다.

한국에서 준비해야 할 것 7가지

1. 언제 유학을 갈 것인가?
2. 어디로 갈 것인가?
3. 아이의 라이프 플랜 짜기
4. 사전 답사 및 모의 훈련
5. 기초를 다진다.
6. 중국식 학습에 익숙해진다.
7. 스트레스 관리법을 마련해 둔다.

*1_* 언제 유학을 갈 것인가?

유학 시기를 정확히 결정하고 최소한 1년 정도의 준비기간을 가질 필요가 있다. 달림이의 경우도, 엄마 최성남 씨는 대만 유학까지 했지만 결정과 준비기간이 짧았던 관계로 중간에 학교를 옮겨야 했다. 시간을 가지고 준비했다면 들이지 않아도 되는 수고였다.

*2_* 어디로 갈 것인가?

앞에서 3가지 경우로 설명을 했지만, 우선 경제적인 면이 가장 먼저 고려되어야 한다. 중국은 물가가 계속 오르고, 아파트 임대료도 1년이 다르게 상승하고 있다. 또, 아이의 학습이 계획대로 이루어지지 않을 때, 필요한 과외비용 등까지도 고려해서 초기에는 실탄을 아낄 수 있는 곳을 택하는 것이 바람직하다. 갈 곳을 정하기 위해선 직접 방문을 해서 체류를 해보는 것도 잊지 말아야 한다. 어떻게든 시간을 내어 1주일 정도 호텔에 머무르는 것이 아니라 중국에서 직접 밥해먹고 학원에 다니는 경험을 가지는 것이 필요하다. 학원에 따라서 1~2주일짜리 발음클리닉을 운영하는 곳이 있으므로 짧은 시간에도 학원에서 부모들이 직접 수업을 들어 볼 수가 있다. 그래야 실제 생활비가 듣기와는 달리 어느 정도 드는지의 감을 잡을 수도 있고 학습의 어려움도 느낄 수가 있다. 이런 체험들을 종합해서 다시 한 번 계산기 두드리며 중국조기유학을 꼼꼼히 따져 본다.

*3_* 아이의 라이프 플랜 짜기

중국은 넓고 역사적 전통이 풍부할 뿐 아니라 경제적으로 빠르게 성장하고 있는 나라다. 막연히 중국어, 경제학을 하면 좋지 않겠느냐는 생각에서 벗어나 웰빙바람이 계속되면, 건강에 좋다는 중국 차에 대한 한국 사람들의 욕구가 커질 것을 예상해서 북경보다는 중국 명차의 산지인 귀주를 유학지로 택한다는 직업선택과 연결된 학교 선택 등 여러 가지 사회 트렌드 변화의 시나리오에 대비해서 생각해 볼 필요가 있다. 중국조기유학을 나는 벤처사업이라고 규정했다. 위험성이 높은 벤처사업이 성공하려면 기술(아이의 실력)도 중요하지만 시장을 살피는 마케팅 능력(지역과 전공선택)이 더 중요할 수가 있다. 누군가 성공과 실패의 차이는 어떤 일을 정확하게 하는 것과 비슷하게 하는 차이라고 했다. 아이를 유학보내기 전에 아빠, 엄마가 머리를 맞대고 수없이 아이의 라이프 플랜을 짜보는 것이 필요하다. 경험이 없다면 주저 없이 도움을 받는 것이 좋다.

4_ 사전답사 및 모의 훈련

백문이 불여일견이다. 가보지 않고 여기서 책자나 유학원의 말을 백번 들어 봐야 소용없다. 유학원을 찾기 전에 한 달이라도 현지에 가서 어학연수라도 하다 보면 주워듣는 게 책 1권 분량이다. 또, 아는 것과 실제로 하는 것은 다르다고 했다. 현지에 다닐 학교도 둘러보고 그러는 것으론 불충분하다. 아이와 함께 기차 등을 이용해, 가이드 없는 여행을 해보는 것도 괜찮다. 가이드 따라 전세버스 타고 설렁설렁 다닐 때하고는 전혀 다르다. 정 자신이 없다면, 중국 현지에서 중국인들을 대상으로 모집하는 여행패키지로 1주일 정도 여행을 해보는 것도 괜찮다. 기본적으로 호텔, 버스, 식사는 제공되지만 그 여행 중에도 엄마와 아이 둘이서 해결해야 할 것은 부지기수다. 해볼 만하다는 생각을 아이와 엄마가 전부 가질 때, 유학을 결정하는 것이 좋다. 일단 가면, 다시 돌아오는 것은 너무나 어려우니까. 그러나 실제로 돌아오는 사람들도 많다는 것을 명심하자.

5 기초를 다진다

한 마디로 끈기를 기르는 것이다. 스스로 해결하는 능력을 기르는 것이다. 친구들과 잘 지내는 능력을 기르는 것이다. 적어도 하나쯤은 기르도록 해보자. 끈기도 기르고 공부도 하는 좋은 방법은 천자문 쓰기다. 하늘 천(千)부터 한자 한자 배우고, 한자 한자 써가다 보면 1000자가 된다. 느긋한 마음을 작지 않고는 1000자를 쓸 수가 없다.

스스로 해결하는 능력. 우선 자기 방 청소부터 시켜 보자. 기숙사에서 생활하는 경우에는 어차피 아이들이 스스로 해야 한다. 그 다음은 밥 먹은 것 설거지하기. 그리고 세탁기 돌리기다. 유학을 가려고 마음먹은 이상, 공부보다는 우선 해외 생활을 위한 기초체력을 길러 줘야 한다.

6 중국식 학습에 익숙해진다

여러 번 말했던 것처럼 중국식 학습이란 외우기인데, 천자문 쓰기는 중국식 학습에 익숙해지기 프로젝트에도 유용한 수단이다. 더불어 요즘 열풍이 불고 있는 19단 외우기도 좋다. 19단까지 암산이 가능하면 한국 유학생들의 아킬레스건인 수학에서도 어느 정도 여유를 가질 수도 있다. 다음은 영어단어 외우기. 학년에 상관없이 중1 수준 영어참고서의 지문 외우기를 꾸준히 한다. 한글로 발음 토를 달아서 외워도 상관없다.

7_ 스트레스 관리법을 마련해 둔다

가장 좋은 스트레스 관리는 역시 운동이다. 수영도 좋고, 달리기도 좋다. 테니스도 좋다. 운동은 스트레스를 해소시켜 줄 뿐 아니라 자신감을 갖게 해주기까지 한다. 특히 중국조기유학 초기에는 아직 시간적인 여유가 있다. 도착하면, 우선 수영이나 헬스부터 등록을 하자.

마음 속에 준비해야 할 것 7가지

> 1. 계획은 계획일 뿐이다.
> 2. 실패를 예상한다.
> 3. 서두르지 않는다.
> 4. 중국인의 셈법을 배운다.
> 5. 항상 도움을 받을 자세를 갖춘다.
> 6. 기본에 충실한다.
> 7. 긍정적인 생각을 한다.

1 계획은 계획일 뿐이다

미국에 마천루를 최초로 설계한 사람이 너무 일에 열중하다가 건물이 완공되고 나서야 이 역사적인 건물에 화장실을 안 만들었다는 사실을 알게 되었다. 설계도면만 들여다보고 있을 게 아니라 하루쯤 건설현장에서 시간을 보냈더라면 화장실을 한번이라도 안 갈 도리가 없었을 것이고, 그러다 보면 이 건물에 화장실을 설계하지 않았다는 사실을 미리 알게 되었을 터이다.

아무리 밤을 새우고, 확인을 하고 또 해도 계획은 계획일 뿐이다. 현장에 나가야 한다. 직접 부딪혀 경험을 통해 알아내야 한다. 더구나 중국처럼 아직 정형화된 것보다 그때그때 상황에 따라 다른 결과가 나오는 나라에서는 더욱 그렇다. "뭐 이따위 나라가 있어?" 하고 열받을 필요가 없다. "아, 실제론 이런 거였구나" 하고 재빨리 계획을 수정하자.

2 실패를 예상한다

최성남 씨는 달림이가 학교시험에서 꼴찌를 했을 때, 이렇게 말을 했다. 출발점이 다르다고. 걔네들은 +출발, 넌 −출발. 그러니까 지금 꼴찌인 건 당연하다. 아이가 꼴찌의 성적표를 받아왔을 때, "당연하다"고 말하긴 쉽지 않다. 현재의 내 상태를 잘 파악하고 앞길에는 암초가 있어 부딪혀 넘어질 수도 있다는 생각이 있을 때에만 가능하다. 앞서 말한 것처럼 중국은 계획한대로 잘 안 되는 나라다. 그러니까 실패할 가능성도 많다. 아예 계획표에 실패를 넣어 두자. 그러면 모든 것이 계획대로 흘러가지 않겠는가.

3 서두르지 않는다

은정이의 성공비결은 마이페이스 학습이었다. 남들이 중국어에 매달릴 때, 영어만 공부했는데 3년이 지난 지금 은정이는 영어뿐 아니라 중국어 능력시험인 HSK에서도 8급을 받았다. 다른 아이들과 별 차이가 없는 것이다. 도리어 영어 때문에 학교

에서 친구들이나 선생님과의 대화가 많았던 은정이의 중국어회
화실력은 중국아이들에게까지 정평이 나 있다.

　달림이의 경우에도 처음 1년의 목적은 적응이었다. 엄마부터
가 꼴찌를 한 성적표를 받고도 낙심하지 않았다. 결국 2학년 말에
는 수학이나 영어 졸업고사에서 좋은 성적을 받을 수가 있었다.

*4_* 중국인의 셈법을 배운다

　중국어 초급회화책에 이런 얘기가 나온다. 어느 날 세 친구
가 북경에서 천진으로 여행을 가기로 했다. 그런데 두 친구가
아무리 기다려도 나머지 친구가 오지를 않았다. 약속시간이 지
나 기차는 떠났고, 두 친구는 약속시간에 오지 않은 친구의 집
에 가보았다. 아프지나 않은지 걱정을 하면서…. 그런데 웬걸 자
고 있는 것이었다. 왜 약속시간에 오지 않았느냐고 묻자 자신은
아침 4시에 기차역에 갔었는데, 아무도 오지 않아 돌아와서 잤
다고 말했다. 두 친구는 어안이 벙벙했다. 왜 10시 기차를 타기
로 약속을 했는데, 새벽 4시에 나왔는지? 그러다 전날 전화로
기차 시간을 말해준 외국인 친구가 4와 10의 발음을 잘못한 것
을 알게 되었다(중국어로 4와 10의 발음이 비슷해서 외국인들은
실수하는 적이 많다). 외국인 친구가 사과를 하자 새벽 4시에 기
차역에 나간 친구의 대답이 걸작이다.

　"괜찮아, 우리 모두 허탕을 쳤는걸 뭐."

　이게 중국인들의 계산법이다. 너 손해, 나 손해 그럼 셈셈.
나 하나 너 하나 그럼 셈셈. 우리에게도 이런 셈법이 필요하다.

중국에 온 지 얼마나 됐는데, 이제 입시가 얼마 안 남았는데, 한국에서도 어머니들과 상담을 하다 보면 이렇게 얻은 건 없고, 잃은 것만 많은 것처럼 생각하는 부모들이 많다.

하지만 지나간 시간만큼 늘어난 중국어 실력을 생각하자. 처음 중국에 왔을 때보다 얼마나 중국에 대해서 많이 알게 되었는지에 초점을 맞추자. 아마 이야기를 하자면 책으로 한 권일 것이다. 그러다 보면 초초한 마음으로 떠오르는 태양을 바라보기보다는 늘 기쁘게 새날을 기대할 수 있게 된다.

5_ 항상 도움을 받을 자세를 갖춘다

북경청산학원의 유형석 실장은 달림이를 항상 둥글둥글 살았다고 표현한다. 국제학부에 진학한 달림이로서는 꼭 필요한 자세가 아닐까 싶기도 하다. 왜냐하면 우린 국제학 하면 협상이란 말을 연상하기가 쉽다. 그런데 이 협상이란 다름 아닌 어려운 일을 설득하는 작업이다. 이러려면 항상 열린 자세가 필요하다. 내가 부족하다고 생각하고 항상 도움을 받고자 하는 태도를 권한다. 백짓장도 맞들면 낫다는 옛말도 있다.

6_ 기본에 충실한다

모든 일이 그렇다. 앞서 가는 사람이 있으면 뒤처지는 사람이 있다. 고속도로를 날듯이 과속으로 달리는 사람과 규정속도로 가는 사람사이에 서울-대전간 운행시간은 겨우 10여분 정도밖에 차이가 나지 않았다는 기사를 읽은 적이 있다.

은정이도 이런 말을 적어 놓고 있다. 열심히 중국어 공부를 하는 아이들을 보면, 당시에는 조바심을 쳤지만 지금 보니까 별 차이가 없더라고. 은정이는 한어능력시험에서 8급을 받았다. 마라톤에서 좋은 성적을 내려면 우선 끝까지 달려야 한다. 그러려면 자신의 분수에 맞는 마이페이스의 유지가 절대적이다.

7_ 긍정적인 생각을 한다

마천루에 화장실을 만들지 않은 그 설계사는 너무 낙심해서 건물에서 뛰어내려 자살을 하고 말았다. 결국 다른 사람들이 화장실을 만들고 건물을 완공되었다. 설계사가 자살을 하나 안하나 결과는 마찬가지였다. 매사에 너무 심각하지 말자.

은정이는 학교에서 어려움을 겪을 때마다 엄마가 해주신 '넌 꼭 세계적인 인물이 될 거'라는 말을 생각했다고 한다. 어떻게 보면, 막막해 보이는 말이 우리들의 삶을 아주 많이 바꾼다. 나 자신, 일본유학시절 매일 새벽 2시부터 시작되는 아르바이트와 학교생활로 너무나 지치고 피곤할 때, 텔레비전 드라마에서 우연히 들은 대사 하나가 큰 힘이 되었다.

"꿈밖에 없을 때는 꿈만 봐라."

매일 40도가 넘는 더위 속에 선풍기도 없이 여름을 나면서, 새벽의 아르바이트, 학교공부로 지쳤던 나는 그 말을 듣고 나서부터는 유창하게 일본어를 말하는 모습, 꿈에도 바라던 명문 대학원에 진학해 전설적인 교실에서 수업을 듣는 나를 꿈꾸며 어렵던 순간순간을 이겨냈다.

현지에서 준비해야 할 것 5가지

> 1. 어려울 때, 도움을 청할 코치를 확보한다.
> 2. 수다 파트너를 확보한다.
> 3. 팀워크를 다진다.
> 4. 지도와 나침반을 준비한다.
> 5. 하루에 한 걸음씩은 나간다는 마음가짐.

1 어려울 때, 도움을 청할 코치를 확보한다

하느님은 모든 인간들을 돌보기에는 너무나 바빠 어머니를 만드셨다는 말이 있다. 아이 뒷바라지를 하며 중국에 함께 있건, 아니면 한국에 있건 엄마, 아빠의 역할은 끝이 없다. 그러나 엄마, 아빠가 모든 걸 알 수도 없을 뿐 아니라 때로는 엄마, 아빠도 지치고 힘들고 맥빠진다. 참는 것이 해결책이 아니다. 적절한 도움을 얻을 수 있는 네트워크를 구축할 필요가 있다.

첫째 유학을 경험한 엄마들과의 유대를 만든다. 누구보다도 엄마들의 마음을 잘 이해해 줄 뿐 아니라 서로의 노하우도 나눌 수가 있다. 함께 중국어를 배우러 다닐 수도 있다.

둘째 아이의 상태를 정기적으로 그리고 전문적으로 점검해 줄 선생님이다. 중국 학교에서는 아이의 성적 외에 생활이나 사춘기의 고민 등을 상담을 하는 것이 불가능하다. 중국은 사회 자체가 경쟁에서 뒤처지는 아이들에 대한 배려가 없는 사회이기 때문이다. 대학원에서 유학하는 유학생들이라도 좋고 종교단체나 NGO에서 일하는 분들과 밀접한 관계를 가지고 아이 상담을 할 수 있도록 한다.

셋째 아이의 반 친구들이다. 모범적인 학교생활을 하는 아이와 유대관계를 만든다. 지금 학교에서 무엇을 공부하고 있고, 내 아이는 어떻게 학교에서 생활하고 있는지를 가장 빨리 그리고 정확하게 파악할 수 있다.

2 수다 파트너를 확보한다

아이건 엄마건 푸념할 대상이 필요하다. 만약 엄마가 함께 있다면 아이야 푸념할 대상은 우선 확보된다. 모든 걸 엄마탓으로 돌리고, 하루를 신경질로 시작해 신경질로 마무리할 수가 있기 때문이다. 문제는 엄마다. 가랑비에 옷 젖는다고 아이의 신경질을 몇날 며칠을 계속 받다 보면 자신도 모르게 스트레스를 받는다. 둑이란 물이 넘치면 터지게 마련이듯 스트레스도 도가 넘치면 마침내 폭발을 하게 된다. 아이와 둘밖에 없을 때, 스트레스의 폭발은 아이에게로 향하게 되고 아이와 엄마의 관계에 심각한 손상을 가져온다. 아이는 이제 스트레스 해소의 대상을 엄마가 아니라 밖에서 찾게 되기 쉬운데, 우리는 이것을 탈선이라고 부른다. 후회해도 때는 이미 늦는다. 사실 이건 비단 중국에 조기유학을 하는 경우만이 아니다. 한국에서도 흔히 일어나는 경우다.

*3_* 팀워크를 다진다

중문학을 전공하고 대만유학을 한 달림이 엄마는 매일 밤, 잠자리에서 중국 신화를 들려주었다고 한다. 이러면서 두 모녀 사이에 쌓아가는 동질감 —중국을 아는 사람들— 이란 팀워크는 '우리는 강팀'이라는 자신감의 원천이 된다. 은정이네 저녁이면 퍼즐을 함께 풀고, 맞추며 팀워크를 다졌다. 중국어 공부라도 좋다. 무엇이든 아이들이 느끼는 어려움을 함께 나누거나 함께할 수 있고 또 함께 스트레스를 해소할 수 있는 '꺼리'를 준비해 두는 것이 필요하다. 알다시피 입시란 아이 혼자 뛰는 마라톤이 아니라 부모들과 함께하는 단체 경기라고 할 수 있으며 단체 경기의 생명은 팀워크이다.

*4_* 지도와 나침반을 준비한다

흔히 우리는 초심을 유지하라는 말을 많이 듣는다. 조기유학의 목적을 잊지 말자. 크게는 아이를 중국 전문가로 키우려는 것, 그러기 위해서 북경대를 비롯해 명문대에 진학해야 하고, 그러려면 공부에 힘써야 한다. 그런데 중국 생활에 익숙해지고 여러 가지 방법들을 알게 되면 아이뿐 아니라 부모들도 편한 방법을 찾는 경우를 종종 본다. 그렇게 해서 얻어진 졸업장이란 실제로 사회에 나와서는 써먹을 수가 없다.

5_ 하루에 한 걸음씩은 나간다는 마음가짐

성공하는 사람들의 7가지 습관을 쓴 스티븐 코비는 후속편으로 성공하는 가족들의 7가지 습관이란 책을 내놓았다. 그 책에 보면 스티븐 코비의 아내, 조슈아가 이런 말을 한 구절이 있다.

> "우리는 아이가 아홉이나 됩니다. 여행이라도 가려고 하면 한 아이는 갑자기 배탈이 나서, 한 아이는 한 여름에 부츠를 신고 간다고 겨울 물건을 쌓아둔 창고를 뒤지느라, 아빠는 제 시간에 떠나지 못하는 것이 화가나 어쩔 줄을 모르느라 시간을 허비하다 오전 6시의 출발예정시각을 넘겨 정오쯤에 출발하게 됩니다. 출발을 하고 나서도 꼭 한번쯤은 누군가가 꼭 가져가야 할 물건을 놓아두고 왔기 때문에 집으로 돌아가야 합니다. 그러다 보면, 벌써 점심시간이 되어 버려 원래는 수백 킬로 떨어진 곳에서 먹을 예정으로 만들었던 샌드위치를 집 마당의 벤치에서 먹게 됩니다. 그러나 어쨌든 우리는 여행을 떠나고, 또 예정했던 목적지에 도달하게 됩니다. 물론 그 여행의 90%는 미리 세워두었던 계획이 어긋나 있기는 하지만요."

조슈아의 이야기에 주목하자. 무언가 낯선 곳에서의 출발이란 익숙하던 곳에서의 그것보다 능률이 떨어지게 마련이다. 의욕만 앞세운다고 해결이 되지 않는다. 그저 1보씩 앞으로 나갈 것을 목표로 삼자.

5부 진 로(進路)

'할 수 있다, 잘될 것이다'라고 결심하라. 그리고 나서 방법을 찾아라.
— 에이브러햄 링컨 —

　　이솝 우화에 나오는 사자와 모기에 관한 이야기를 잠깐 들려주고 싶다. 사자가 윙윙거리며 자신의 주위를 맴도는 모기에게 "저리 가, 이 코딱지만한 녀석아" 하고 화를 냈다. 그러자 자존심이 강한 모기는 사자에게 전쟁을 선포했다. "다들 너를 왕이라고 부른다고 해서 내가 너를 겁낼 것 같으냐?" 모기가 대들었다. "나는 너보다 더 힘이 센 황소도 한 방에 꼼짝 못하게 할 수 있단 말이야!"

　　모기는 사자 등에 달려들어 바짝 약을 올리며 싸움을 걸었다. 화가 난 사자가 길길이 날뛰자 근처에 있던 동물들이 슬그머니 자리를 피했다. 작은 모기는 사자의 등과 얼굴과 코를 마구 찌르며 공격을 했고…. 그 고통이란!

　　급기야 사자는 골칫덩이를 쫓기 위해 벽에 몸을 부딪혔다. 그러다 오히려 정글의 왕이 기진맥진하여 쓰러졌다. 의기양양한 모기는 승리감에 취해 윙윙 소리를 내며 날아갔다. 하지만 얼마

가지 않아 그만 거미줄에 걸리고 말았다. 거미는 "웬 떡이냐" 하며 모기를 한입에 낚아챘다.

진로란 미래의 일이다. 사자와 모기 이야기의 사자처럼 공부를 잘한다고만 해서 성공을 하는 것도 아니다. 모기처럼 보잘 것 없다고 해서(공부를 못한다고) 지금 비관적일 필요도 없다. 하지만 조그만 성공에 만족하는 것도 위험한 일이다. 모기가 거미에게 한 입에 잡아먹히듯 작은 성공에의 도취는 앞으로 나아가는 데 오히려 장애가 되는 경우도 있기 때문이다.

전문가들의 조언을 참고삼아, 학교 선택과 진로 설정을 신중히 검토하자.

중 · 고등학교 선택하기 / 최성남

북경에만도 1000여개의 중고등학교가 있다.

"어느 학교를 선택할 것인가?"

외국인이 운영하는 국제학교는 영어를 겨냥한 부모들이 보내는 학교이고, 부득이 중국에 살게 되어, 한국 대학 진학을 목표로 하는 학생들을 위한 한국 국제학교도 있다.

중국어를 목표로 해서 왔거나, 중국에 왔으니까 중국어 하나 제대로 배우게 해야겠다고 생각하는 부모라면 당연히 중국인 학교를 생각하게 된다. 중국 학교 중에서도 국제반을 운영하는 학교가 있고, 아닌 학교도 있다. 그리고 외국인 유학생을 받기 위해 비준을 받은 학교가 있다

우리 같은 외국인은 반드시 이 비준 받은 학교에 가야 하는가?

"그렇지 않다" 이다.

많은 학부모들이 혼란을 겪고, 유학원의 권유를 따르는 경우가 바로 이 비준의 문제 때문이다. 중국 정부측에서는 학교 시설, 위생 문제 등을 고려하여 어느 정도 조건을 갖춘 학교에 비준을 주어 공식적으로 외국 학생을 받도록 한 것은 사실이다. 이런 학교는 국제반을 신설하여 주로 한국 학생을 수용하는데 그 대가로 학비가 엄청 비싸다. 외국인이기 때문에 중국 정부가 주관하는 졸업고사(회이카오)를 통과하지 않아도 졸업장을 받을 수 있다는 편리한 점이 있다.

그러나 얼마 전부터 모든 중고등학교는 학교장 재량으로 외국인을 받을 수 있게 되었으며, 외국인도 중국인 학생과 한반에서 수업을 하고 졸업장을 받을 수 있게 되었다. 물론 이런 경우는 중국 학생과 똑같이 회이카오를 통과하여야 한다. 이 회이카오는 거의 모든 학생을 통과시키는 시험이므로 그다지 걱정하지 않아도 좋으며, 외국인도 충분히 응시 통과할 수 있는 기본 시험이다.

그러므로 비준 여부는 사실 고려하지 않아도 크게 상관없다.
다시 말해 어느 정도 중국어 기초를 닦고 말이 되면, 집 근처의 중고등학교를 살펴보고 웬만하면 보내도 된다는 얘기이다.
물론 학교마다 특징과 장단점이 있다.

그럼 "어떤 점을 고려해야 하나?"

학교에 따라 교육 정책이 다 다른데 외국어 교육을 중시해 영어, 중국어를 집중으로 가르치는 쌍어 학교도 있고, 이과 실험학교, 문과 실험학교, 특기 교육을 중시하는 학교도 있다. 요는 중국어를 목표로 하여 중국인 반에 끼어들기를 원한다면 다음 몇 가지를 고려해 볼 일이다.

(1) 학교가 어느 정도의 수준인가 본다

중국 중고등학교는 평준화가 아니고 실력에 따라 1급에서 5급까지 등급이 나눠져 있으며, 유명대 부속중학교, 실험학교 중점학교들이면 대체로 우수한 학교이다.

(2) 교사의 자질이 어떤가를 본다

젊고 유능한 교사가 모인 학교가 있는 반면, 퇴직 교사들을 초빙한 학교도 있다.

(3) 물론 학교 시설도 고려해야 한다

기숙사 시설이 있는 학교도 있고, 전원 수용하는 학교, 희망자만 수용하는 학교로 나눌 수도 있고, 외국학생을 별도로 수용하기도 한다.

(4) 학비는 학교에 따라 천차만별이다

운이 좋으면 장학생으로 무료 교육을 받을 수도 있는 반면 대학 학비보다 몇 배 비싼 학비를 물어야 하는 경우도 있다.

(5) 아이의 성격이나 성적, 적응 능력도 고려해야 한다

중국 최고의 수재들이 모인 학교에 가서 말도 안 통하는데 공부 수준까지 따라가지 못하면, 어쩌자는 것인가. 반면 변두리 학교에 가서 중국 아이들을 제치고 월등한 성적을 올려 자신감을 키운 다음, 우수한 학교로 옮겨가며 차츰 적응해 가는 케이스도 있다.

⑹ 한국 학생이 너무 많아도, 아주 없어도 소기의 목적 달성에
   주는 영향이 크다. 고려해야 할 요소다

⑺ 통학 거리도 무시할 수 없는 요소이다
   한자 중국어 공부에 시간은 절대적인 필요조건이다.

우리 아이를 어느 학교에 보낼 것인가? 선택하기 전에 아이
의 능력과 여건에 맞는 학교인지를 충분히 고려해야 한다. 일단
들어가서 적응하지 못하여 이 학교 저 학교 전전하다 보면 한두
해 헛된 시간을 보내기 십상이다. 그리고 부모들이 소홀히 하여
손해 보는 경우가 한두 가지 있는데 그 중 하나가 평소의 학교
성적관리이다. 흔히 학교 측에서는 한국학생을 방청생 정도로
착각하여, 즉 예외 취급하여 성적표를 주지 않는다. 그러다가 전
학이라도 가게 되면 근거가 없어 학력인정을 받지 못하는 경우
가 생긴다. 그리고 학비 영수증도 꼭 챙겨 두어야 한다. 극히
드문 경우이긴 해도 학교 운영이 부실해 중도에 학교가 해체된
경우, 학적을 잃어버려 학력 인정을 받을 길이 없어진 예도 있
다. 우리나라 교육 체계와는 다른 점이 많으므로 만약의 경우를
대비하여 소홀함이 없어야 손해를 면할 수 있다. 학기가 우리와
달라 9월에 새 학년이 시작되므로, 한 학년을 높여 갈 수도 있
고, 낮춰 갈 수도 있는데, 이 또한 아이의 성적과 나이 등을 고
려하여 신중히 결정해야 할 문제이다.

우선 중국 대학 분류에 관하여 살펴보자. 중국의 대학은 크게 4년제 대학과 3년제, 2년제 대학 등 기본적인 구성은 한국과 비슷하다. 하지만 개념이 약간 다르다. 우선 입학고사의 점수 및 인원할당에 관하여 알아두자.

첫째, 지역 할당제를 실시하고 있다.

이는 각 대학이 위치한 지역별로 인원을 배당하는 것을 말한다. 예를 들어 북경대, 청화대의 경우에는 북경에 소재하고 있는 관계로 북경시에 등록된 학생들의 경우에는 보다 유리하게 작용한다.

둘째, 민족 가산점 제도다.

중국은 약 53개의 소수민족으로 이루어진 국가이다. 민족의 대부분이 한족이고 만주족, 회족 등으로 나뉜다. 우리가 잘 알고 있는 조선족도 역시 소수민족중의 한 부류이다. 소수민족은 한족에 비해 점수 가산점을 받는다. 자연 대학 진학시 유리한 점이 많이 있다.

다음은 종합대학의 개념이다. 중국의 종합대학 개념은 기본적으로 문과, 이과가 공존한다면 종합대학으로 분류한다. 한국의 경우처럼 음대, 미대, 체대 등 다양한 전공이 있어야만 종합대학으로 분류되는 것과는 차이가 있다.

그리고 중국에서 대학랭킹보다 중요시하는 부분이 전공랭킹이다. 잘 알려져 있는 것처럼 중국대학의 랭킹 1위는 현재 8년째 청화대학이다. 그 뒤를 북경대학, 절강대학 등이 잇고 있는데, 이 랭킹에는 몇 가지 모순점이 있다. 대학랭킹은 매년 광동성의 한 연구기관에서 이를 평가하는데, 그 기준은 본과 학생수, 석박사 학생수, 도서관 장서수, 저술 논문수, 교수 확보율 등으로 평가하게 된다. 자연 규모가 큰 대학이 점수를 잘 받게 되는 부분도 무시할 수 없다. 물론 북경대, 청화대의 경우는 그 오차율이 적은 편이다.

그럼 전공 랭킹이라는 것은 어떤 것일까?
예를 들어 외교학전공의 경우 북경대 정치학과나 청화대 외교학과 같은 전공이 최고가 아니라 외교학원이라는 중국외교부 관할 직속 대학의 외교학과가 랭킹 1위이다. 음악, 미술의 경우도 마찬가지다. 한국의 경우 서울대 미대, 서울대 음대, 연대 음대 등 예체능의 경우에도 명문대 예체능 학과가 1, 2위를 다투고 있다. 하지만 중국의 경우 중국 최고의 음악대학은 중국음악학원이다. 역시 4년제이며, 현재 중국의 유명 작곡가, 연주자 등이 대부분 이 학교 출신이다. 미대 역시 마찬가지다. 중국 최고의 미술대학은 중앙미술학원으로 순수, 응용미술 분야에 단연 으뜸이다.

　　물론 이 내용들은 대부분 중국학생들의 경우에 해당되는 부분들이다. 하지만 유학생이라고 해서 이것들을 무시하고, 그저 대학의 간판만 보고 진학을 결정했다가는 마치 망망대해에 표류하고 있는 조각배의 신세가 되기 쉽다.

　　유학생들의 올바른 대학 및 전공 선택은 어떻게 해야 하는가?
　　과연 북경대, 청화대만이 중국유학에서 거쳐갈 수밖에 없는 절대적인 관문일까? 내 생각은 "절대 아니다"이다. 북경대, 청화대가 분명히 명문대학임에는 틀림없다. 하지만 유학생 개개인마다 특징이 있고, 대학에 적합한 시기가 있다. 가장 중요한 것은 자신의 꿈이다. 자신이 무엇을 하고 싶은가에 따라 시기와 대학을 얼마나 적재적소에 배치할 수 있는지를 결정할 수 있다.

　　학원에서 학생들을 대상으로 입시설명회를 하다 보면, 때로는 안타까움을 많이 느낀다. 시대가 변하고 개인의 사생활과 나름대로의 영역을 강조하는 개성이 강조되는 시기의 아이들이라 당연히 미래에 대한 자신들의 꿈과 희망이 분명한 경우가 많을 것이라고 생각했었다.

　　하지만, 실제로 학생들과 이야기를 해보면 너무나 막연한 경우가 많다. 본인들이 스스로 지금 중국으로 유학을 온 것인지 아니면 아직도 한국에서 대학 진학을 하는 학생들과 마찬가지인지 도대체 구분이 안 간다. 학교를 선택할 때는 분명 자신이 공부하고 있는 베이스, 즉 유학 국가가 어디인가는 분명히 사전에 고려되어야 하는데도 말이다.

    법대를 예로 들어 보자. 법대의 경우 한국에서는 일반적으로 사법고시가 연상되게 마련이다. 물론 사법고시 역시 정말 엄청난 경쟁률을 뚫고 피나는 노력을 해야만 값진 결과를 얻을 수 있지만 아직까지는 인기학과임에는 틀림없다. 그럼 중국에서의 법대 진학은? 우선 한국에서처럼 사법고시라는 것을 응시할 자격이 없다. 단순한 학부 전공일 뿐이다. 그럼 중국에서 법대 졸업하고 나서 한국에서 사법고시 준비하면 될까? 물론 그럴 수 있다. 사법고시는 학력 및 전공 차별이 없기 때문이다. 하지만 대학 4년 졸업하고 나서 다시 한국으로 귀국해서 사법고시 2~3년 준비하고 나면 남학생의 경우 군대 2년이 추가된다. 그러면 순조롭게 사법고시를 합격한다고 가정하면, 적어도 10년 정도의 시간이 필요한 것이다. 그렇게라도 무난하게 목표대로 진행이 된다면 다행이겠지만 만약 반대의 경우가 생긴다면? 몇 년간 사법고시를 준비하느라 그나마 중국에서 익혔던 중국어 및 중국에 대한 지식들마저 묻혀 버리게 된다면? 그야말로 진퇴양난이 될 수 있다.

    그럼 중국에서 법대는 별로 효과적이지 못한 선택이라고 볼 수 있을까? 그렇지는 않다. 본인의 분명한 소신에 달라진다. 만약 취직이 목표라면, "중국법의 공부가 취업에 어떻게 도움이 되는가?" 하는 방향성 설정이 필요하다.

    만약 면접관이 "왜 중국에서 법학을 전공했나요?"라고 질문했을 때 어떻게 답할 것인가? 그저 남들이 말하는 것처럼 "음, 중국이 앞으로 발전할 것이고 법은 모든 부분에 유용할 것 같아서 법을 전공했습니다"라고 말한다면, 자신의 정체성은 다른 사람들에 비해 두드러질 수가 없다. 모범답안은 아니겠지만, 이렇게 말해 보면 어떨까?

  A라는 회사의 해외 마케팅 팀에 지원했다고 가정하자. 면접관이 "왜 중국에서 법학을 전공했나요?"라고 질문했을 때,

  "제가 중국법을 공부했다고 해서 무조건 법과 연관된 방향으로 진출하겠다는 생각은 아닙니다. 하지만 해외 마케팅을 할 때 해당 국가의 법에 어느 정도 전문지식이 있다면, 보다 도움이 될 수 있을 것이라고 생각했습니다. 21세기를 양분하는 거대 국가는 미국과 중국입니다. 특히 대 중국 마케팅은 날이 갈수록 그 중요성이 대두되고 있는데, 현장에서 제가 전공한 중국법 지식이 필요하다고 생각합니다."

  이렇게 본인이 선택한 중국유학과 전공에 관한 분명한 소신을 면접관에게 전달할 수 있다.

  이번에는 신문방송학과이다. 우선 현재 중국의 방송정책과 통신산업의 현실을 직시해야 할 것이다.

  현재 중국의 통신산업은 부분적으로 개방을 억제하는 산업 분야다. 하지만 2008년 베이징 올림픽을 앞두고 분명히 통신 및 방송산업은 개방할 가능성이 크다. 자연 선진기술이 중국에 상륙하게 될 터. 이때 기존의 사회주의식 방식을 이해하지 못하는 상태에서 무조건 선진기술만 받아들인다고, 과연 올바르게 정착할 수 있을까? 그 부분에서는 많은 의문점을 제시하게 될 것이다.

　　이렇게 중국에서 신문방송학을 전공한 학생들이 현실적인 문제들에 대해서 올바르게 지적하면서 자신의 소신을 밝힐 수 있다면, 이미 중국전문가로서의 첫발을 내디뎠다고 할 수 있다. 바로 이러한 전공선택이 요즘 학생들에게 가장 필요한 부분이라고 생각한다. 이젠 "중국어만 할 줄 알면 어느 정도는 되겠지" 하는 시대는 이미 저물었다.

1 중국의 대학제도

'리우호천'(劉好川), '씨에친엔밍'(謝全明).

이 두 학생은 모두 호남성 정주 대학 출신으로 내 연구생이다. 중국에서는 보통 대학원생을 석사연구생이라고 하는데 보통 줄여서 그냥 '연구생'이라고 부른다.

한국과는 달리 연구생이 되려면 국가에서 시행하는 시험을 치러야 하고 주로 정치, 영어 또는 일어 등의 외국어와 전공시험을 치른다. 시험은 엄격하게 국가가 관리하고 일단 시험에 합격하면 대학보다도 훨씬 더 적은 비용으로 다닐 수 있다. 중국에서는 대학원생 이상은 아주 고급 인재로 분류되어 많은 투자와 철저한 관리를 한다고 볼 수 있으며 그래서 물론 어느 대학원이고 합격이 그리 쉽지 않다. 그래서 일단은 대학원 연구생이면 기본적으로 실력을 보장할 수 있다. 그리고 대개는 우리나라와 같이 교수 연구 프로젝트를 함께 수행하기 때문에 학교에서 보조하는 비용도 있어 자기 비용은 거의 들지 않는다.

중국의 대학은 부전공이나 복수전공 전과 편입 등의 제도가 거의 없다. 중국은 아무리 자본주의화가 되어도 교육과 정치는 여전히 완벽한 공산주의다. 계획경제 개념의 교육이기에 변수가 많은 교육은 하지 않는다. 잘하는 학생을 추리고 못하는 학생은 못하는 대로 사회에 봉사하게 하는 거지 못하는 학생의 장점을 발굴할 이유는 별로 없기 때문이다. 잘하는 학생들만 추리기에도 바쁘다. 그래서 못 따라오는 학생들을 챙길 여유가 없다.

2 중국대학생이 선호하는 학과와 직장

중국 대학생들이 선호하는 직장은 월급을 많이 받고 편한 곳이다. 그들은 미래의 전망보다는 현찰을 훨씬 더 챙기는 편이다. 그래서 돈만 조금 더 많이 주고 근무조건이 조금만 더 좋으면 미련 없이 금방 회사를 바꿔 치운다.

산업분야별로 이야기하자면, IT분야나 디자인 분야가 압도적으로 우세하다. 우리나라와 비슷하지만 훨씬 더 실리적이다. 우리와 다른 점이 있다면 법학이나 의과대학보다 경영, 무역 쪽이 더 강세이고 선호하는 것이 다른 점이다. 따라서 법학이나 역사학, 중의학 등의 경쟁은 상대적으로 치열하지 않고 돈과 직접 관련이 있는 컴퓨터/ 디자인/ 경영/ 무역/ 세무 분야가 중국 대학생들이 선호하는 전공들이라 볼 수 있다.

나는 디자인 분야와 접할 기회가 많은데 건축대학에 도시,

건축, 실내장식 전공 말고도 공업설계전공이 있어 자동차, 상품 디자인 등을 배우는 것이 우리와는 다른 이채로운 현상이다. 중국은 건축 도시 대학의 경우 거의 모든 대학이 이미 국제공인조건에 맞춰 학부과정이 5년제이고 입학시험 때에 데생과 구성 등 미술 실기 시험을 치르는 것이 보통이다. 물론 디자인 분야에서도 예술대학의 미술학부 쪽에 실내장식, 환경예술설계, 시각디자인, 건물, 벽화 등 실제 응용학문과 유사한 여러 분야가 인기를 끌고 있다.

*3*_ 중국 유학 후의 진로

"중국에서 공부한 지는 몇 년이나 됐지요?"
"고등학교 3년 대학교 4년이니까 7년입니다."
"그럼 중국어를 중국인들과 비슷하게 아주 잘하겠군요?"
"아니요 중국인들만큼 잘하지는 못하고 의사소통하는 정도입니다."
"그럼 영어는 어떤가요? 토플 점수는 얼마나 받았지요?"
"아니요 중국어 하느라 토플시험은 아직…."
"그럼 중국인 친구들이 많겠군요?"
"네."
"그럼 실제 현재 연락 가능한 중국인 친구의 지역과 연락처를 아는 만큼 말해 보세요."
"…."

내가 고문으로 있는 중국 진출 한국기업의 취업 면접 때의 대화 내용이다. 물론 마지막 질문에 중국 5개 지역 이상에서 5

명 이상의 조선족이 아닌 중국인 친구를 적어내는 경우가 아직
없었다.

　　중국인을 쓰지 않고 한국인 유학생을 쓰는 경우 그들보다
나은 장점이 분명히 있어야 한다. 당연히 중국인들의 급여보다
2~3배를 최소 요구하거나 많게는 4~5배를 주어야 하는데 중국
인보다 중국말을 못하고 중국인 친구들도 별로 없고 그렇다고
전공분야의 실력이 보통의 한국 직원보다 낮지 않다면 어찌 하
겠는가? 그래도 한국인이니 한국말은 잘 통하고 믿을 만하니까
라고 말할지 모르겠다.

*4*_ 진로를 위한 세 가지 조언

(1) 졸업 후의 진로는 실력과 한족 친구 그리고 선후배의 관계가
　　큰 역할을 한다.
(2) 중국에서 천신만고 끝에 대학을 들어가고 졸업을 했다 하더라
　　도 참다운 자기 실력 없이 단순히 중국어 실력만 있다면 아무
　　쓸모가 없다.

　　꼭 중국어가 필요하다면 조선족 학생들이 더 잘하기에 조선
족 학생을 쓸 것이다. 유학생을 쓰려는 이유는 한국인이면서, 중
국어를 잘하기 때문이다. 한국 대학을 졸업한 이상의 상식과 실
력이 없이 중국 대학을 졸업했다면 이는 조선족 학생을 쓰는 것
에 비해 나을 것이 없다.

　　(3) 내 경험으로는 중국어를 잘하는 것보다 영어를 잘하는 것이 훨

씬 더 중국에서 대접을 받는다.

　중국어를 잘하면 '소수민족인 한국인이 중국어를 참 잘하네?' 하고 신기해 할 뿐이지 크게 칭찬하지 않는다. 그러나 영어를 잘한다면 칭찬을 넘어 존경의 눈길을 보낸다. 영어를 잘하면 넉넉히 중국의 대학을 졸업하고 중국의 고급인력들과 사귀는 데도 훨씬 유리함은 물론이다.

어느 중소기업 경영자의 충고

김석규 사장은 중국에 진출한 지 이제 8년째를 맞는다. 이번 추석에도 그는 중국에서 나홀로 추석을 보냈다. 만약 자신을 대신해 줄 한국인 관리자가 있었다면 교대로 추석이나 설을 한국에서 보낼 수 있을 터인데 믿을 만한 한국인 관리자를 아직 찾지 못했기 때문이다.

40대 초반에 중국에 온 김 사장은 50을 넘기면서 자신을 대신할 한국인 관리자를 양성하기 위해 유학생이나 인턴 등을 채용했었다. 그러나 돌아오는 것은 실망뿐이다. 김 사장이 찾는 한국인 관리자상은 간단하다.

(1) 중국어 회화 능력이 중국인 거래처와 조선족의 통역 없이 가능할 것
(2) 중국 전문가로 중국에서 성장할 마음을 가질 것
(3) 한국의 중소기업 사원정도의 성실성과 예절을 갖출 것

　한때, 상해나 광동지
역까지 거래를 넓혔던 김
사장은 요즘 중국북부지
역으로만 영업을 한정하
고 있다. 회사를 맡기고
김 사장이 상해나 광동지
역까지 출장을 갈 수가
없기 때문이다. 김 사장
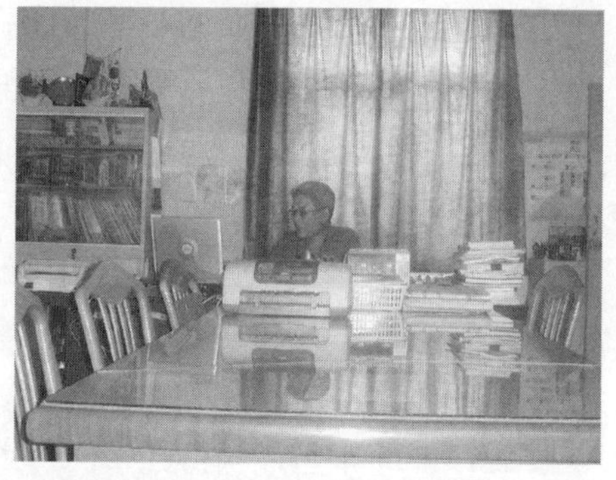
이 자리를 비우면 공장의 가동률이 현저히 낮아질 뿐 아니라 자
재 누실도 염려되기 때문이다. 그래서 김 사장도 자신을 대신할
한국인 관리자를 찾는 중이다. 한국상회가 주관하는 유학생 채
용설명회나 인턴채용에도 꾸준히 참가하고 있지만 아직 적임자
를 찾지 못하고 있다. 이유는 3가지다.

　첫째, 너무 급하다.

　한국유학생들이나 인턴들은 한국의 중소기업에서 받는 연봉
정도를 원한다. 하지만 중국에서 그 정도의 급여는 고액연봉자
다. 8년째 중국에서 공장을 운영하면서 여러 명의 조선족과 중
국인 간부들을 채용하고 있는데 이들을 모두 제치고 단번에 단
지 한국인이라고 해서 그 정도의 월급을 줄 수는 없다고 김사장
은 말한다. 입사해서 2~3년 일을 배우면 부사장 정도의 대우를
해줄 수 있는데 당장 그 정도의 급여를 주지 않으면 한국인 유
학생이나 인턴 등은 기다리려고를 하지 않는다.

　둘째, 단지 경력 쌓기용으로만 생각한다.

　당장 대기업에 취업이 안 되니까 우선 김 사장의 회사에라
도 입사를 해 경력도 쌓고, 돈도 벌면서 대기업으로 갈 기회만

노린다. 그렇기 때문에 회사를 위해 공헌할 기색은 없고, 출장 가기도 싫어하고, 공장 직원들하고는 대화조차 않은 채 사무실 컴퓨터 앞에서 하루를 보내다 퇴근시간이 되면 정시 퇴근을 한다. 좀 뭐라 하면 금방 사직서를 들고 온다. 이것이 김 사장이 말하는 유학생 출신 신입사원들의 근무태도다.

셋째, 영어를 너무 모른다.

외국 바이어에게 레터를 쓰는 것은 고사하고 기본적인 영어도 몰라 무역에 관한 간단한 일조차도 처리할 수가 없다고 한다.

김사장은 이런 말을 한다.

"물론 우리 회사같이 작은 회사에 아주 능력이 있는 친구들이 오리라고는 생각도 하지 않습니다. 입사지원서를 내고 면접을 오는 친구들도 다 고만고만합니다. 제가 바라는 것은 성실과 도전정신 그리고 중국인들과의 일상대화에는 부족함이 없는 중국어 실력입니다. 거기에 고졸 수준의 영어 실력만 있으면 금상첨화입니다. 제발 급여만으로 회사를 선택하지 말고 10년 후를 바라보고 회사를 선택하라는 것입니다. 애초에 유학 온 대로 중국전문가가 될 마음이 있다면 저희 같은 회사에 와서 자기 주도적으로 일해 보는 것을 권하고 싶습니다.

저는 한 10년쯤 중국에 뿌리를 박고 근무할 친구들을 원합니다. 이제 한국에서 직원들을 데려다가 중국에서 일을 하기에는 너무 채산성이 떨어집니다. 훈련시키는 데만 1년 이상 걸리고 2년 정도 근무하면 한국으로 돌아가니까요. 성실하게 3년 정도만 근무하면 총경리로 진급시킬 마음이 기꺼이 있습니다.

만약 중국에서 장래에 자신의 비즈니스를 해보고 싶은 유학생들이라면 저희 회사를 선택해 주십시오."

　　중국에서 유학을 하고 있는 대학생들을 보면, 겉멋이 들었다는 인상을 받을 때가 있다. 취업현황을 현장에서 지켜보는 나로서는 눈높이를 맞추는 일이 정말 필요하다는 생각이 든다. 자신들에게 돌아오는 적은 보수의 일들이 마땅치 않아 아무 경험도 없이 창업의 길로 들어서는 학생들도 많다. 회사란 어찌 보면 또 다른 학교다. 그래서 회사를 두고 인재사관학교니 하는 말을 붙이기도 한다.

　　진로란 라이프 플랜이다. 그리고 플랜은 미래에 할 일을 결정하는 일이다. 60년대 우리나라에서 가발회사는 가장 임금을 많이 주는 회사였다. 중국진출 초기 가발회사는 재미를 많이 봤다. 그러나 작년부터는 적자로 돌아섰다. 이제는 중국의 서부나 베트남으로 이전을 고려중이라고 한다. 그 회사의 직원들은 어떻게 될까? 만약 베트남으로 이전을 한다면 중국어를 잘하는 것이 아무 소용이 없게 된다.

　　라이프 플랜을 집짓기에 비유하자면 언어는 땅 파는 기초공사라 할 수 있다. 노련한 목수와 미장이들의 손이 있어야만 집은 완성된다. 어떤 솜씨를 갖게 되느냐는 누구 밑에서 어떤 집을 얼마나 지어 봤느냐에 따라 판가름이 날 것이다. 이상과 현실, 자신의 능력과 기술을 고려하고 처음 유학길에 올랐던 마음을 생각하며 진로를 결정하길 바라는 마음이다.

　　물론 부모들 입장에서 그런 조그만 회사에나 입사하려고 그렇게 고생하며 중국에서 유학시켰냐는 말을 할 수가 있다. 그러

나 SK 최태원 회장의, 장래에는 중국을 중심으로 아시아 시장
은 통합되지 않겠느냐는 전망과 이제 중국에서 갈수록 어려워지
는 한국 진출 기업들의 입장을 알게 되면 더욱더 능력은 최대한
키우고 꿈은 최대한 절제하는 것이 얼마나 중요한가를 실감하리
라 생각한다.